The poems in Stephanie Sherman's collection of poetry, *Tectonic Tongues/Lenguas Tetonicas*, mark the deep and the shallow places where sexuality, defiance, patriarchy and feminism interact. The book's fluidity of themes often merge her bi-national Latino/a cultural awareness with her bi-sexuality. Sherman's poetic counter narrative to gender rules and expectations are plied with ironic and wily verses rooted in her feminism and disdain of the exploitation of women everywhere. Her style is bold, colorful and she creates richly textured images that enhance both her erotic poems and her poems of social resistance. All the poems in this collection are translated into Spanish by the author herself, accentuating the rich nuances of her poetry while expressing her affection for "América Latina".

—Naomi Quiñonez

www.blacklawrence.com

Executive Editor: Diane Goettel
Cover Design: Zoe Norvell
Cover Art: "Sueño pandémico" (2020, Boston) by Stephanie Sherman
Book Design: Amy Freels

ISBN: 978-1-62557-087-1

In June of 2023, Black Lawrence Press welcomed numerous existing and forthcoming Nomadic Press titles to our catalogue. The book that you hold in your hands is one of the forthcoming Nomadic Press titles that we acquired.

Published 2024 by Black Lawrence Press.
Printed in the United States.

Tectonic Tongues / Lenguas Tectónicas

POETRY BY / POESÍA POR

STEPHANIE A. SHERMAN

TABLE OF CONTENTS / ÍNDICE

** ES=Originally written in Spanish/Originalmente escrito en español*
** EN=Originally written in English/Originalmente escrito en inglés*
** SP= Originally written in Spanglish/Originalmente escrito en espanglish a base de inglés*
** EN/ES= Simultaneously written in both languages/ Simultáneamente escrito en ambos idiomas*

FOREWORD

I have known and esteemed Stephanie Sherman as a radical poet, choreographer, performance artist and scholar since back in her PhD days at UC Berkeley, when she began collaborating with La Pocha Nostra performance troupe in the Bay Area. Through many shared *encuentros* and travels in Mexico and across the Américas, we have shared our linguistic predicaments and binational poetics. During the liminal days of confinement (2021) when our social lives were still masked and muffled, Stephanie and I would hang out in my San Francisco loft and perform our poetry for each other. I have also seen her perform her spoken word stunningly. It is a pleasure to now read this brilliant work that so moved me when I heard the words in progress in my home.

Tectonic Tongues / Lenguas Tectónicas is a series of tender, deeply-felt, intimate poems in English, Spanish, and Spanglish that resist literary categorization. They cross multiple borders: between languages and identities, poetry and choreography, writing and visual art; and between Ecuador, Mexico, San Francisco, and Boston. As a fellow border-crosser, I identify with her poems that dance their struggle between languages and locations.

Stephanie's unique poetic voice and her understanding of resistance comes from her performing, dancing body. Her poems are full of sensual, visceral, kinesthetic and erotic metaphors that beg to be performed. Yet they are so detailed that they ask to be carefully read.

Her work can be considered body-based poetry: a poetic/critical scholarship, where words and politicized bodies meet in tense queer intercultural feminist manifestos in movement. As she puts it, "my tongue attaches my body parts when it speaks... the bodies become people when they speak." It is a must-read for feminists, border-crossers, dancers, romantics, nostalgics, city-lovers, and activists across the Américas.

Guillermo Gómez Peña a.k.a "El Mad Mex"

PROLOGO

He conocido y apreciado a Stephanie Sherman como una poeta radical, coreógrafa, artista de performance e investigadora desde sus días de doctorado en UC Berkeley, cuando comenzó a colaborar con el grupo de performance La Pocha Nostra en el Bay Area. A lo largo de numerosos encuentros compartidos y viajes en México y a lo largo de las Américas, hemos compartido nuestras problemáticas lingüísticas y poéticas binacionales. Durante los días liminares del confinamiento (2021), cuando nuestras vidas sociales aún estaban enmascaradas y amortiguadas, Stephanie y yo solíamos pasar el rato en mi loft de San Francisco y recitar poesía el uno al otro. También la he visto realizar su arte de spoken word de manera impactante. Es un placer leer ahora esta brillante obra que me conmovió tanto cuando escuché los primeros poemas en mi hogar.

Tectonic Tongues / Lenguas Tectónicas es una serie de poemas tiernos, profundamente sentidos e íntimos en inglés, español y spanglish que resisten la categorización literaria. Cruzan múltiples fronteras: entre idiomas e identidades, poesía y coreografía, escritura y arte visual; y entre Ecuador, México, San Francisco y Boston. Como colega cruzadora de fronteras, me identifico con sus poemas que bailan su lucha entre idiomas y ubicaciones.

La voz poética única de Stephanie y su comprensión de la resistencia provienen de su cuerpo performático y danzante. Sus poemas están llenos de metáforas sensuales, viscerales, cinestésicas y eróticas que ansían ser interpretadas. Sin embargo, son tan detallados que piden ser leídos con cuidado.

Su trabajo puede considerarse poesía basada en el cuerpo: una beca poética/crítica, donde las palabras y los cuerpos politizados se encuentran en tensos manifiestos cuir interculturales feministas en movimiento. Como ella misma lo expresa, "mi lengua une mis partes del cuerpo cuando habla... los cuerpos se convierten en personas cuando hablan". Es una lectura obligada para feministas, cruzadores de fronteras, bailarines, románticos, nostálgicos, amantes de la ciudad y activistas a lo largo de las Américas.

Guillermo Gómez Peña a.k.a "El Mad Mex"

INTRODUCTION

Since I was young, I understood my tongue was a powerful organ, something capable of getting me into trouble. The first time I realized I could really speak Spanish at seventeen, I also understood that my tongue was capable of taking me to faraway places and connecting my heart to entire communities and life-changing experiences. 24 years ago, I went to Chile to study literature. Then I moved to Ecuador, then Mexico. I became linguistically and culturally fluent. I learned how tongues incite revolutions. I had a long career as a choreographer and dance educator in Latin America, in Spanish. My bilingual tongue in these poems is a testament to how unstable identity is: While I am the daughter of a sweet, creative, social justice-minded agnostic Jewish family from Boston, I am also the product of my experiences in Quito, Mexico City, and San Francisco, my home. These poems grapple with my unstable embodied and linguistic identity, and connect me to my Pan-American communities.

I wrote these poems over nineteen years, often feeling nostalgia for far away cities where I had left pieces of my heart. When Trump took power in 2017, my tongue froze. I moved from Berkeley to Mexico City for three years. Then I ended up in Boston for almost two years during the height of the pandemic. I could not write save a couple poems for five years. When I moved back to San Francisco in 2021 and I went to my first Speaking Axolotl Reading at Medicine for Nightmares on 24th Street, my tongue unlocked. I decided to finally assemble this manuscript.

I have been a professional dancer and choreographer for over twenty years, so most of my poems are body poems where organs, muscles, and bones speak in unapologetically queer feminist terms. My poetry is often critical, and always hopeful. Some of my work is erotic, and most of it is intimate. I write for my community and for myself, in a constant effort to connect to those who have transformed me.

This text is bilingual because I want all of my communities to be able to access it. I originally wrote some poems in English, and others in Spanish. I have taken liberties with my own translations. Only one poem was impossible to translate. My readers speak different languages and come from different backgrounds, so I do not expect one takeaway from reading this. I hope that you will be moved to think and feel critically about bodies, language, and identity, and come away feeling that poetry is choreography made with words.

INTRODUCCIÓN

Desde joven, entendí que mi lengua era un órgano poderoso, algo capaz de meterme en problemas. La primera vez que me di cuenta de que realmente podía hablar español fue a los diecisiete. También entendí que mi lengua era capaz de llevarme a lugares lejanos y conectar mi corazón a comunidades y experiencias que me cambiarían la vida. Hace 24 años fui a Chile para estudiar literatura. Luego viví en Ecuador, y luego en México. Me volví lingüística y culturalmente fluida. Aprendí cómo las lenguas pueden incitar revoluciones. Tuve una larga carrera como coreógrafa y educadora de danza en Latinoamérica, en español. Mi lengua bilingüe en estos poemas es un testimonio de lo inestable que es la identidad: aunque soy la hija de una familia dulce, creativa, agnóstica judía con un compromiso a la justicia social estadounidense de Boston, también soy el producto de mis experiencias en Quito, Ciudad de México, y el área de la Bahía, mi hogar. Estos poemas luchan con mi identidad encarnada y lingüística inestable y me conectan a mis comunidades panamericanas.

Escribí estos poemas a lo largo de diecinueve años, a menudo sintiendo nostalgia por ciudades lejanas donde había dejado pedazos de mi corazón. Cuando Trump llegó al poder en 2017, se me congeló la lengua. Me mudé de Berkeley a Ciudad de México por tres años. Luego terminé en Boston por casi dos años durante el apogeo de la pandemia. No pude escribir, salvo un par de poemas por cinco años. Cuando regresé a San Francisco en 2021 y fui a mi primera lectura de *Speaking Axolotl Reading* en *Medicine for Nightmares* en la calle 24, mi lengua se liberó. Decidí finalmente armar este libro.

He sido una bailarina y coreógrafa profesional por más de veinte años, así que la mayoría de mis poemas son poemas acerca del cuerpo, donde los órganos, músculos y huesos hablan en términos cuir feministas. Mi poesía es a menudo crítica y siempre esperanzada. Algo de mi trabajo es erótico, y casi todo es íntimo. Escribo para comunidad y para mí misma, en un esfuerzo de conectarme con las personas que me han transformado.

Este texto es bilingüe porque quiero que todas mis comunidades puedan accederlo. Escribí algunos poemas originalmente en inglés, otros en español. He tomado libertades con mis propias traducciones. Solo un poema se resistió a ser traducido. Mis lectores hablan diferentes idiomas y provienen de diferentes culturas, así que no espero una sola lectura de este libro. Espero que te conmuevas y te motives a pensar y sentir de manera crítica sobre los cuerpos, el lenguaje, y la identidad, y que salgas sintiendo que la poesía es una coreografía hecha con palabras.

1. Tectonic tongues / Lenguas tectónicas

TECTONIC TONGUE

I have a tectonic tongue,
a soft channel to my interior,
a connoisseur of flavors.

a dancer with lovers,
a blender of exotic fruits.

It moves in circles, summersaults, ellipses
through breath and liquid,
over pages of skin and bodies of syllables.
It loves, speaks, swallows,
and shoots volcanic sparks.

A rebellious, uncultured, talented tongue,
a precocious genius,
a chameleon child.

It convinces you, dressed as a *quiteña* or *chilanga*.
It betrays me, dancing the blues.

TLENGUA TECTÓNICA

Tengo una lengua traviesa:
puente suave al interior,
conocedora de sabores.

Bailarina con parejas,
licuadora de frutas exóticas
y sonidos.

Se mueve en círculos, saltos, elipses
a través del aire y el agua,
sobre páginas de piel
y cuerpos de palabras.
Habla, ama, traga
y dispara chispas volcánicas.

Lengua inculta, irrespetuosa, talentosa-
un genio precoz,
una niña camaleón.

Les convence, vestida de quiteña o chilanga.
Me traiciona, bailando *blues.*

MY TONGUE'S ITCH

Learning another language is like
scratching an itch with your toe instead of your hand.

Learning another language is like
learning to surf a tsunami in the dark.

Learning another language is
when your tongue gets *enchilada* from an *habanero*,
and no amount of eye-watering in English can tame that burning *picor.*

Learning another language is
learning to dance with *tumbao.*

Learning another language is
filling your mouth with so many mismatched words
your stomach hurts.

It's having double the friends and enemies,
and double the words that hurt you,
but double the words that heal you.

Learning another language is expanding your family,
pulling your arteries,
leaving the keys to your ribcage in another country.

Learning another language is stretching the veins in your tongue
so far and wide,
your heart can get caught between countries.

LA PICAZÓN DE MI LENGUA

Aprender otra lengua es como
rascar una picazón con el dedo del pie en vez de con la mano.

Aprender otra lengua es como
aprender a surfear un tsunami en la oscuridad.

Aprender otra lengua es
ese momento cuando tu lengua se enchila con un habanero,
y ninguna cantidad de lágrimas en inglés
puede apagar ese ardiente picor.

Aprender otra lengua es
aprender a bailar con tumbao.

Aprender otra lengua es
llenar tu boca con tantas palabras que no combinan
que te duele el estómago.

Es tener el doble de amigos y enemigos,
y duplicar las palabras que te hieren,
pero tener el doble de las palabras que te curan.

Aprender otra lengua es expandir tu familia,
jalando de tus arterias,
dejando las llaves de tu caja torácica en otro país.

Aprender otra lengua es estirar tan largo y ampliamente
las venas de tu lengua,
que tu corazón puede quedarse atrapado entre países.

AMIGO EQUIS

(Dedicated to Xedex)

You wrap your tattoos around me
(those black and red *códices*),
and I purr, my painted lady,
en tu casa que huele a coco y copal
and sometimes we fuck but mostly
we gossip about your gay boys,
and bad art and my *novias*,
until we decide to dress up like la Llorona y el Santo
and head out on Shotwell like a strange old couple
who no longer love each other that way
and never loved each other that way
but laugh at each other's jokes without speaking.

Con tu máscara plateada y rosa en la boca,
you fasten my white wig
and powder my breasts
para verme más güera que una calavera
más gringa que el sonido de mi apellido.

Me dices chapis y te digo panzón,
como si yo fuese Kahlo y tú Rivera
and we buy Frida kitsch and *guayabas*
that perfume your kitchen.
We scour the thrift shops
in all the Mission,
and you make eyes with the taco boy
as I order it *al pastor con una porción de aguacate.*

AMIGO EQUIS

(Dedicado a Xedex)

Me envuelves en tus tatuajes,
(esos rojos y negros códices),
y ronroneo, mi *painted lady,*
en tu casa que huele a coco y copal,
y a veces cogemos, pero más, platicamos
de tus jotitas y mis novias,
hasta que decidimos disfrazarnos de *La Llorona* y *El Santo*
y salir por *Shotwell* como una rara pareja de ancianos
que ya no se quiere de esa manera
y que nunca se quiso de esa manera,
pero se ríe de los chistes de otros sin hablar.

Con tu máscara plateada y rosa en la boca,
ajustas mi peluca blanca
y empolvas mis pechos
para verme más güera que una calavera,
más gringa que el sonido de mi apellido.

Me dices chapis y te digo panzón,
como si yo fuese Kahlo y tú Rivera
y compramos calcetas de Frida y guayabas
que perfuman tu cocina.
recorremos las tiendas de segunda mano
de todo el barrio
y te ligas al taquero
mientras pido mis tacos al pastor con aguacate.

Viejito querido, this is our rhythm:
My visits to your quickly disappearing apartment
(with its aging HIV Latino queens
and their succulents)
that will soon dissolve into luxury condominiums.
Then, I will remember the perfume
of your pink sheets smelling of sex and lavender
where I have napped countless afternoons
on your chest
in the heart
of the Mission.

Viejito querido, este es nuestro ritmo:
Mis visitas a tu edificio en peligro de extinción
(con sus envejecidas *queens latinas*, con VIH y sus suculentas)
que pronto se disolverán en condominios de lujo.

Después, recordaré tus sábanas rosas,
oliendo a sexo y lavanda
donde tantas tardes dormí sobre tu pecho;
ahí, en el corazón
del barrio "La Misión".

SOMEWHERE IN THE SOUTHERN CONE

disappeared-

her floorboards felt the sea
leaving vapor echoes:

eyes, palms, polar chair

the walls imagine her.

EN ALGÚN LUGAR DEL CONO SUR

desaparecida-

sus tablas sintieron el mar
dejando ecos de vapor:

ojos, palmas, silla polar

las paredes la imaginan.

BLOOD WINGS

New bones push up against the
skin's tightly held boundaries.
They poke and perforate our edges,
ripping flesh to make room for feathers:

Flight begins with falling. We break bones
to reshape them, all messy and bruised,
but we move, dancing clumsily up from puddles.
We flap drops of salt and mud...
and blood—

This
is how we rise.

ALAS DE SANGRE

Nuevos huesos empujan
las fronteras finas de la piel.
Hurgan y perforan nuestros bordes,
arrancando carne para dejar espacio a las plumas:

El vuelo
comienza con la caída.
Rompemos huesos para reformarlos,
todos sucios y magullados, pero nos movemos,
bailamos, saltando torpemente desde los charcos.
Aleteamos gotas de sal, lodo y sangre.

Es así
cómo nos elevamos.

2. Journeys to the equator / Viajes al ecuador

ECUADOR

Country, so tiny.

You slipped into my pocket
like a moon coin.

ECUADOR

País, tan chiquito.

Te metiste en mi bolsillo
como una moneda de luna.

EXOTIC FRUIT

I was an exotic fruit
in the land of the *guanabana.*
Some people thought that my white peel
contained meat of the same color,
as if my roots had only been nourished
on plastic and snow,
as if they had never touched
the sand under the pyramids.
But they were right that the four seasons
had ripened me differently.

I was a pale apple
next to the *maracuyá,* the *naranjilla* and the *uvilla.*
They were common characters with extended families,
and last names that they instructed me
to pronounce fluently and frequently.
They taught me how to eat a *granadilla,*
parted in half;
to suspect the *pitahaya,*
sweet like a yellow piranha;
to remedy its effects with the papaya;
to cure colds with pineapple;
to distinguish between *verde* and *maduro,*
between *oritos y guineos,* between all plantains and bananas,
until my palate forgot how to pronounce
the British last names of apples.

FRUTA EXÓTICA

Fui una fruta exótica
en la tierra de la guanábana.
Algunos pensaban que mi cáscara blanca
contenía carne del mismo color,
como si mis raíces se hubiesen nutrido
solo de plástico y nieve,
como si nunca hubiesen tocado
la arena bajo las pirámides.
Pero tenían razón que las cuatro estaciones
me habían madurado de una manera diferente.

Fui una manzana pálida
al lado del maracuyá, la naranjilla y la uvilla.
Eran personajes comunes con familias extensas,
con apellidos que me enseñaron a pronunciar con fluidez y frecuencia.
Me enseñaron a comer la granadilla,
partida por la mitad;
a sospechar de la pitahaya,
dulce como una piraña amarilla;
a remediar sus efectos con la papaya;
a curar las gripes con la piña;
a diferenciar entre verde y maduro,
entre oritos y guineos, entre todos los plátanos y bananos
...hasta que mi paladar se olvidó pronunciar
los apellidos ingleses de las manzanas.

And I ripened tasting like mango.

Later, I crossed the continent in a box of green avocados,
crying as the ripe ones died during the crossing.
I guess they missed the warmth of their brothers,
their trees, their roots, their aunts, their cousins.

I arrived at the fruit section of Shaw's Market
where the oranges taste like plastic and snow,
where the ghosts of United Fruit sleep.

I search for my family in the section of exotic fruits.

Y maduré sabiendo a mango.

Luego, crucé el continente en una caja de aguacates verdes,
llorando mientras en el viaje morían los más maduros.
Extrañaban, supongo, el calor de sus hermanos,
sus primos, sus tíos, sus árboles, sus raíces.

Llegué a la sección de frutas de *Shaw's Market*
donde las naranjas saben a nieve y plástico,
donde duermen los fantasmas de *United Fuit.*

Busco a mi familia en la sección de frutas exóticas.

WHEN I LIVED THAT CLOSE TO THE MOON

There were nights
when the moon
rolled down my nose,
paused at my lip
and slipped
down Arévalo street.

The children's feet
confused it will a ball.
As they screamed "goal!"
it flew back among
the stars.

There were nights
when the moon
melted with milk,
cinnamon and corn
in the big pots
at Floresta corner.

I drank it in a paper cup
with an empanada
covered with stars
and powdered sugar.

CUANDO VIVÍA TAN CERCA DE LA LUNA

Hubo noches
cuando la luna
resbalaba por mi nariz,
se pausaba sobre mi labio
y se deslizaba
por Calle Arévalo.

Los pies de los niños
la confundían con una pelota
y mientras gritaban "!gol!"
volaba de regreso hacia las estrellas.

Hubo noches
cuando la luna
se fundía con choclo,
canela y leche hervida
en las ollas de la Floresta.

La bebíamos
en vasos de papel
con empanadas,
cubiertas de estrellas
y azúcar en polvo.

SEQUIN CITY

I say goodbye to Quito at night.

She is cross-dressed in sequins
like her widows on New Year's Eve,
when they burn old men.

I say goodbye to Quito from the clouds.

I am taking off from the Panecillo,
dressed as a Virgin,
with sequins in my hair.

CIUDAD DE LENTEJUELAS

De noche
me despido de Quito.

Está travestida de lentejuelas
como sus viudas en año nuevo,
cuando queman a los viejos.

Me despido de Quito
desde las nubes.

Me estoy despegando del Panecillo,
vestida de Virgen,
con lentejuelas en el cabello.

ANDEAN DELUGE

Last night I dreamt that salt water seeped through the thighs of a
    mountain,
bit by bit in tepid drops,
bringing me cement and seaweed fragments,
leaking beneath the churches, the roots, the ruins,
severing the tails of stone iguanas and beheading saints,
bubbling in volcanic channels
until the Tungurahua spat water, instead of fire.

I dreamt that my body was flooded
and my lungs were accordions full of water.
I grasped a colored house's railings with wet hands
and books flew above my head.

The current caught me and made me swallow
portrait remnants,
angry Virgins,
metal wings,
red curtains,
tangled hair
warring roses,
shards of moons,
chocolates with cheese,
canelazos,
embraces.

Today, I awoke by the edge of that very sea.
I dream of countercurrents carrying me,
and I have pieces of a city inside of me.

DILUVIO ANDINO

Anoche soñé con agua salada...

se filtraba por los muslos de una montaña,
poco a poco en gotas tibias,
trayendo fragmentos de cemento y algas marinas,
metiéndose debajo de las raíces, las ruinas, las iglesias,
cortándole las colas a las iguanas de piedra
y degollando santos,
chorreando en los ríos subterráneos volcánicos
hasta que el Tungurahua derramó agua
en vez de fuego.

Soñé que mi cuerpo estaba inundado
y mis pulmones eran acordeones de agua.
Agarraba las rejas de una casa colorada
con mis manos mojadas
y los libros volaban sobre mi cabeza.

Me atrapó la corriente y tragué
restos de retratos,
Vírgenes enojadas,
alas de metal,
telones rojos,
cabello enredado,
rosas en guerra,
canelazos, chocolates con queso,
abrazos.

Hoy, me desperté en el filo de ese mar.
Sueño con contracorrientes que me llevan,
y tengo restos de una ciudad dentro de mí.

THE TONGUE'S RETURN

I will return-
dressed in red
for a drag wedding
in the Plaza Grande.

I will return with the wind
and the years' rainstorms.

The children will have grown
and my tongue will have rusted.

I will return taller
with my eyes more open,
wearing perfume that smells like big city and ocean.

I will return with candles
and flowers-
gifts to place on altars,
on the corners of the streets
where they sell fried pork
and plantain chips.

I will return with pockets full
of stolen stars from Quito's nights,
of pilfered stones from Orellana's trails,
of taken treasure,
of sacred earth,
of memories that smell
like houses with families.

LA LENGUA REGRESA

Volveré—
vestida de rojo
para una boda drag
en la Plaza Grande.

Volveré con el viento
y las tormentas de los años-
Los niños habrán crecido
y mi lengua se habrá oxidado.

Volveré más alta
con los ojos más abiertos,
con perfume de mar y gran ciudad.

Volveré con velas
y flores-
regalos para colocar en los altares,
en las esquinas de las calles
donde venden fritadas y chifles.

Volveré con los bolsillos llenos
de estrellas robadas
de noches quiteñas,
de piedras robadas
del Camino de Orellana,
de tesoro tomado
de tierra sagrada,
de recuerdos que huelen
como casas habitadas por familias.

THE TURQUOISE DOOR

I passed your house the other day.
It was five months ago, after a year.

It was 3:00pm and my nails were freshly painted
(red, with sparkles, like before).

I was letting the sun make up for lost time
on my white shoulders,
and I was around the corner from your house.

I was walking up la Coruña,
past the gas station and the bakery
and the market where they cut my pineapples with a machete.

That was five months ago, plus a year.
I remember everything here:
Every crack on the sidewalk is still intact
and they still sell fried pork on the corner.

I passed your house the other day
hoping to smell your walnut cake
and hear Edith Piaf waft from a window.

I had crossed more than ten blocks to get here-
I had crossed fifteen states,
twelve countries
and two calendars—
hoping for you to open that familiar turquoise door,
and everything would be like before.

LA PUERTA TURQUESA

El otro día, pasé por su casa.
Fue hace cinco meses, después de un año.

Eran las tres de la tarde y mis uñas estaban recién pintadas
(rojas, con brillos, como antes).

Sentía el sol de nuevo sobre mis hombros blancos,
y estaba a la vuelta de su casa.

Estaba subiendo por la Coruña,
pasaba por la panadería,
la gasolinera, y el mercado
donde me cortaban las piñas con machete.

Eso fue hace cinco meses, más un año.
Y aquí, recuerdo todo:
cada grieta en la vereda sigue intacta
y siguen vendiendo fritadas en la esquina.

El otro día, pasé por su casa,
esperando oler su pastel de nueces
y escuchar a Edith Piaf volar por una ventana.

Para llegar aquí,
crucé más de diez cuadras-
crucé quince estados,
once países,
y dos calendarios—
esperando que se abriera aquella puerta turquesa,
y todo volviera a ser como antes.

I passed your house the other day,
and I didn't dare look.
Maybe you were smoking in the kitchen,
or preparing tea with bread and cheese,
and your friends were at the table,
planning another revolution.

Maybe the door to my room was open,
and light was flooding the floor with my imprint.

Maybe you were up there, cleaning,
and you found this poem,
folded under the firewood basket,
by the big green bed.

Maybe you looked out the window,
wishing to see me come home.

I passed your house the other day,
and kept on walking.

El otro día, pasé por su casa, y no me atreví a mirar.
Capaz estaban fumando en la cocina,
o preparando té con pan y queso,
con sus amigas alrededor de la mesa, planificando otra revolución.

Tal vez la puerta de mi cuarto estaba abierta
y la luz inundaba el suelo con mi huella.

Quizá ustedes estaban ahí limpiando,
y encontraron este poema,
doblado debajo de la canasta de leña,
al lado de la gran cama verde.

Capaz miraron por la ventana,
esperando verme volver a casa.

El otro día, pasé por su casa
y seguí caminando.

LUNAR ECLIPSE

(Dedicated to the memory of my "tía" Gloria Grijalva)

I dream I see you at the airport, waiting in your car,
with your practical haircut and owl glasses.
You will hug me and unleash a diminutive symphony.
En route to Cumbayá, you will tell me about your *gente.*

Grapefruit light will squeeze over the Andes,
and I will be infected by your contagious brightness,
you *la Gloria*, the glory.
Luminous *tía,*
sweet like *dulce de guayaba,*
powerful like the winged metal Virgins,
generous like the ample skirts of the mountains.
We will head to your diminutive house that expands like your smile,
where there's room for everyone.

Martha, Nelita, the Leos, and the Danis will be there,
along with endless siblings with whom you will sing.
There will be tea, cake, *jugo de naranjilla* and *tomates de árbol* on the table.
There will be aloe in the garden and *Les Luthiers* on T.V.,
and your living room will be soaked in a downpour of laughter.

I will feel again that your *casa es mía.*

I dreamt that I would return to embrace your glory.
I never imagined I would arrive late to your party,
nor that a moon in mourning would be the one to greet me.
nor that your ashes would splatter the sky with stars to receive me.

ECLIPSE LUNAR

(Dedicado a la memoria de mi "tía" Gloria Grijalva)

Sueño que te veo en tu auto, frente al aeropuerto,
con tu corte de cabello práctico y tus lentes de búho.
Me abrazarás y desatarás una sinfonía de diminutivos.
En camino a Cumbayá, me contarás de tu pueblo.

La luz de toronja se exprimirá sobre los Andes,
y me contagiaré de tu brillo,
tú, la Gloria misma:
Tía luminosa
dulce como dulce de guayaba,
poderosa como las Vírgenes aladas de metal,
generosa como las amplias faldas de estas montañas.
Iremos a tu casa diminuta que se expande, elástica como tu sonrisa,
donde hay lugar para todo el mundo.

Estarán Martha, Nelita, los Leos, las Danis,
y un sinfín de tus hermanos con los cuales cantarás.
Habrá tecitos, pastelitos, jugo de naranjilla y tomates de árbol en la mesa.
Habrá sábila en tu jardín, *Les Luthiers* en la pantalla,
y tu salón se empapará de una lluvia de risas.

Volveré a sentir que tu casa es mía.

Soñé que volvería a abrazar tu gloria.
Nunca imaginé que llegaría tarde a tu fiesta,
ni que la luna en luto me daría la bienvenida,
ni que tus cenizas salpicarían el cielo de nuevas estrellas.

3. Home is a tectonic Bay / El hogar es una bahía tectónica

LA LLORONA'S MISSION

La llorona moved here 523 years ago,
antes de la Misión, before the evictions,
when all her children still lived on the corner of Shotwell and 24th,
before "shot" was a word,
before the smoke of gunpowder substituted clouds of rain.

She sold marigolds the color of turmeric
cuando aún vivían sus hijos, aquí y en México,
before *el gran muro* and the yellow police tape on the corners,
before *México* and the United States were named and parceled up
like a patchwork quilt stitched with leaking veins,
desplazando, always displacing, her children.

She did not cry then to water her flowers.
She would dance with the others, and it would rain over the murals.

When they raised the rent to market value
she moved to a small hotel with rusty sinks
which caught fire to make way for cafés.
Her children had started burning a while ago.

Now she lives by the junkies at the corner of 16th and Mission,
and hasn't been able to sleep for centuries.
At night she circulates with mace and a mini skirt,
or a black hoodie and jeans, a can of spray paint, and a mist of tears.

The junkies and the prostitutes, the drug dealers,
the cops and the soldiers are her children,
lost in a tightening concrete maze constructed
by dull white men in shiny gray suits,
a structure that eats them alive for dinner.

LA MISIÓN DE LA LLORONA

La llorona se mudó aquí hace 523 años,
antes de la Misión, antes de los desalojos,
cuando todos sus hijos aún vivían en la esquina de Shotwell y la 24,
antes de que *shot* fuera una palabra
antes de que el humo de pólvora sustituyera nubes de lluvia.

Vendía cempasúchil del color de la cúrcuma
cuando aún vivían sus hijos, aquí y en México,
antes del gran muro y la cinta policial en las esquinas,
antes de que Estados Unidos y México fueran nombrados y divididos
como una cobija de retazos tejida con venas goteantes,
desplazando, siempre desplazando a sus hijos.

No lloraba en ese entonces para regar sus flores.
Bailaba con los otros, y llovía sobre los murales.

Cuando subieron la renta a la tasa del mercado
se mudó a un hotelito con fregaderos oxidados
que se incendió para dar paso a los cafés.
Sus hijos comenzaron a quemarse ya hace tiempo.

Ahora vive con los *junkies* en la esquina de la 16 y Misión,
y no ha podido dormir en siglos.
De noche circula con espray pimienta y minifalda
o sudadera negra y jeans, una lata de pintura aerosol, y una nube de
lágrimas.

Los *dealers*, los *junkies*, las prostitutas y la policía son sus hijos,
perdidos en un estrecho laberinto de cemento
construido por hombres blancos y aburridos en trajes grises, brillantes;
una estructura que les come vivos para la cena.

The first child *se hundió* for his skin color while he was eating a burrito
for lunch.
The second buckled because her black hair was long enough
to grab and drag across the desert.
The third fell for buying candy or selling cigarettes.
The forty-third protested in Guerrero and his bones evaporated to dust.

At night as she wails, she spray-paints marigolds
on the facades of luxury condominiums
and lights cheap candles by the charred remains of buildings.

She presses her face up to the windows of the bars
and steams up the hipsters' happy hour cocktails with her bitter salt.
She roams the continent for bones,
desde las fosas en el desierto to the police morgues,
weaving them into an immense lace web
to fill with marigolds and milk, honey and breath.

El primer hijo se hundió por el color de su piel mientras almorzaba un
burrito.
La segunda cayó porque su pelo negro era lo suficientemente largo
para arrastrar por el desierto.
El tercero murió por comprar dulces o vender cigarrillos.
El cuadragésimo tercero protestó en Guerrero
y sus huesos se evaporaron hasta convertirse en polvo.

En la noche mientras solloza, pinta cempasúchiles
en las fachadas de los condominios de lujo
y prende velas baratas junto a los restos carbonizados de edificios.

Pega su cara a los cristales de los bares,
y vaporiza los cócteles de *happy hour* de los hipsters con su sal amarga.
Vaga por el continente en busca de huesos,
desde las fosas en el desierto hasta las morgues policiales,
tejiéndolos en una enorme red de encaje
para llenarla de cempasúchil y leche, aliento y miel.

MY HIGH-TECH CITY

"Today I propose to establish a political party of dreams.
Workshops to repair hummingbird wings."
(Silvio Rodríguez)

Somewhere in San Francisco where the Google bus doesn't go,
there's a repair shop for hummingbird wings
and a butterfly sanctuary:
An alternate economy where the currency is solidarity.

Somewhere outside the valley of silicone,
there are safe injection sites
where the syringes are full of poetry
and everyone has a home.

Somewhere in the back of a bookshop
or a bakery where they still make pan dulce for their community,
they're working on the most disruptive technology,
where the future is not the latest app,
but a big old web of human hearts,
pulsing with its own high-speed connection.

MI CIUDAD DE ALTA TECNOLOGÍA

"Hoy me propongo fundar un partido de sueños
Talleres donde reparar alas de colibríes".
(Silvio Rodríguez)

En algún lugar de San Francisco por donde no pasa el *Google Bus*,
hay talleres para reparar alas de colibríes
y un santuario de mariposas:
una economía alternativa donde la moneda es la solidaridad.

En algún lugar fuera del valle de silicona,
hay sitios de inyecciones seguras
donde las jeringuillas están llenas de poesía
y todos tienen un hogar.

En algún rincón en el fondo de una librería
o en una panadería donde aún hacen pan dulce para su comunidad,
están creando la tecnología más disruptiva,
donde el futuro no es la *app* más reciente,
sino una vieja red inmensa de corazones humanos,
pulsando con su propia conexión de alta velocidad.

EL CHAMÁN CHICALANGO

(Dedicated to Guillermo Gómez Peña on his birthday)

Bravo, *mi loca* for your radical tenderness,
your *chamán chicalango san panchitano*-care,
boxing for the remnants of love still floating,
sighing between the smoke of burning murals,
and the Mission's deepest cracks.

You are a border that drags barbed wire in its wake.
You are skin tattooed with war paint.

You are a sanctuary of embraces
for the survivors of a cultural drought
beneath an urban shipwreck.

You are an organ that unites body parts to protect them,
watering communal roots.

You give breath to those who decide to keep breathing
on a planet that is slowly losing its oxygen.

You are the rhythm we dance to
to prove that we are not yet dead.

EL CHAMÁN CHICALANGO

(Dedicado a Guillermo Gómez Peña en su cumpleaños)

Bravo, mi loca, por tu ternura radical,
tu cariño de chamán chicalango san panchitano,
boxea por los restos del amor que aún flotan,
entre el humo de los murales quemados,
y las grietas más profundas de la Misión.

Eres una frontera que arrastra alambres en su estela.
Eres piel tatuada con pintura de guerra.

Eres un refugio de abrazos
para los sobrevivientes de una sequía cultural,
en un naufragio urbano.

Eres un órgano que une miembros para protegerlos,
regando las raíces de un cuerpo comunitario.

Das aliento a quien decide seguir respirando
en un planeta que poco a poco va perdiendo su oxígeno.

Eres el ritmo al que bailamos
para demostrar que aún no estamos muertos.

WALNUT STREET, A PARTING LOVE SONG

I'm trying to lick the East Bay fog
and suck in the bright bruised remnants of the setting sun.
I'm remembering when my skin was a thin membrane
that let in salt, woodsmoke, and rain.

Dear Street, I think I'm in love with you.

We've been so busy cohabitating
that I hadn't stopped to smell your lemons
or hear your hummingbirds purr.

I don't ever want to leave you.

I hadn't held your lilies up to my cheek
in the fading deep blue as streetlights
began to glow like glass oranges.

WALNUT STREET, UNA CANCIÓN DE AMOR DE PARTIDA

Estoy intentando lamer la niebla de la East Bay
y chupando los restos magullados del sol.
Me estoy acordando de cuando mi piel era una membrana delgada
que dejaba entrar humo, lluvia, y sal.

Querida calle, creo que estoy enamorada de ti.

Hemos estado tan ocupadas conviviendo
que no me había detenido a oler tus limones
o a escuchar el ronroneo de tus colibríes.

No te quiero dejar nunca.

No había sostenido tus lirios contra mi mejilla
en el índigo profundo que se desvanece
mientras los faroles comienzan a arder
como naranjas de cristal.

PLANETARY RETURN

I will return to the San Francisco Bay,
to light blinking liquid,
below the defunct canons at the beach
where I sprinkled my friends' ashes from across the country
in my pandemic-fueled dreams,
to the spot where they deterred neo-Nazis with dog shit the day I
flew off.

I will return between the wars,
or in the breath between the fires,
sifting the streets for the debris of a former me
and for footprints of friends since flown.

Volveré al estilo de Carlos Gardel,
con las nieves del tiempo plateando mi sien.

I will return to paper boats and colored chalk on concrete,
to turquoise lowriders and crimson faces on teal mosaic walls.
I will return to tents, syringes, and the smell of survival
beneath empty castles built for absent robot nobles.

I will return to the Dog Ears and the Alley Cats,
to Red Poppies, Pan Dulce, Pocha Nostra, and windows lined with
lucha libre masks.
To persimmons, palm-framed moons, red jumpsuits,
Meyer lemons, hippies, techies, warriors, broken glass, and salmon-
colored sunsets.

REGRESO PLANETARIO

Volveré a la Bahía de San Francisco,
al líquido parpadeante de luz
debajo de los cañones caducos en la playa
donde esparcí las cenizas de mis amigos
desde el otro lado del país
en mis sueños permeados por la pandemia,
al lugar donde frenaron fascistas con mierda de perro el día que volé.

Volveré entre guerras,
o en el aliento entre los incendios,
tamizando las calles en busca de los escombros de una yo antigua
y de huellas de amigos que ya volaron.

Volveré al estilo de Carlos Gardel,
con las nieves del tiempo plateando mi sien.

Volveré a los barcos de papel y a las tizas de colores en las aceras,
a *lowriders* turquesas
y rostros carmesíes en muros de mosaico verde azulado.
Volveré a carpas, jeringuillas y al olor a sobrevivencia
bajo castillos vacíos construidos para robots virreyes.

Volveré a los *Dog Ears* y *Alley Cats*,
a *Red Poppies*, Pan Dulce, *Pocha Nostra*, y vitrinas con máscaras de
  lucha mexicana.
A *persimmons*, lunas enmarcadas por palmeras, mamelucos rojos,
limones *Meyer*, *hippies*, *techies*, guerreros, vidrio roto y atardeceres
  color salmón.

Volver, volver, volver…
Volveré a lo Vicente Fernández,
sabiendo perder, y también querer.

I will return to the pause between partners,
to the moment of the wound-just-healed
right before falling in love,
when my skin smells of friendship
and my lungs are full of words.

I will return with my former flapper bob and flamboyant colors
windblown and broken, insides pulled open.
but with my tongue still beating,
my community still pulsing,
and my red lipstick still intact.

Volver, volver, volver...
Volveré a lo Vicente Fernández,
sabiendo perder, y también querer.

Volveré a la pausa entre parejas,
al momento de la herida recién-sanada
justo antes de enamorarme,
cuando mi piel huele a amistad,
y mis pulmones se llenan de palabras.

Volveré con mi corte *flapper* y mis colores flamantes de antes,
azotada y rota, con mis vísceras visibles,
pero con mi lengua aun latiendo,
mi comunidad aun latiendo
y mi labial rojo todavía intacto.

RAINBOWS AREN'T JUST FOR TOURISTS

In the Castro when you run out of lemons,
you can just walk down the street and pull some off a tree
as two flamboyant green hummingbirds buzz by,
and an old naked man in sparkly silver shoes
compliments your red heart-shaped sunglasses that you got in the
    Haight.
You see more old naked men in front of Cliff's,
and millennials eating erection-shaped cookies,
and you think of how privileged you are
to have a moment of rent-controlled freedom
in this glitter dildo rainbow Disneyland
that's way too bougie for you to afford,
that's very G and not too L B T or Q,
but is still pretty fabulous,
and that was once the activist battleground
that made it possible for you to walk hand in hand
with your girlfriend
with your ex-girlfriends
and your bi ex-boyfriends
in far off places like Barcelona and Ciudad de México
where no one had ever heard of Harvey Milk,
but have legalized gay marriage.
And you walk into a small museum where Harvey's last suit lies,
where his last words echo,
where the first rainbow flag hangs.
And the Castro smells of fresh lemons and complex histories
that are bigger than a few touristy streets
with a cinema, some sex shops, overpriced restaurants,
rainbow sidewalks,
and ubiquitous rainbow flags.

LOS ARCOIRIS NO SON SOLAMENTE PARA LOS TURISTAS

En el Castro cuando se te acaban los limones
puedes caminar por la calle y jalar algunos de un árbol
mientras dos colibríes verdes extravagantes pasan zumbando,
y un viejo desnudo con zapatos plateados brillantes
halaga tus gafas de sol rojas en forma de corazón que compraste en el
Haight.
Ves más viejitos desnudos frente a *Cliff's*,
y *millennials* comiendo galletas en forma de erección,
y piensas en lo privilegiada que eres
por tener un momento de libertad con control de renta
en este *Disneyland* de dildos arcoíris con brillantina
que es demasiado fresa para tu billetera,
y es muy G y no lo suficientemente L B T o Q,
pero sigue siendo bastante fabulosa,
y que una vez fue el campo de batalla activista
que hizo posible que camines de la mano
con tu novia
y tus exnovias
y tus exnovios bisexuales
en lugares lejanos como Barcelona y Ciudad de México
donde nadie ha oído hablar de Harvey Milk,
pero en dónde es legal el matrimonio gay.
Y entras en un pequeño museo donde yace el último traje de Harvey,
donde resuenan sus últimas palabras,
donde cuelga la primera bandera-arcoíris.
Y el Castro huele a limones frescos e historias complejas
que son más grandes que unas cuántas calles turísticas
con un cine, algunas tiendas de sexo, restaurantes caros,
aceras de arcoíris,
y banderas de arcoíris omnipresentes.

4. Pan-American veins / Venas panamericanas

RHYTHM OF A STAIN

Cuba, 1999: I am 19,
watching mangos melt from trees,
sticky viscous liquid dripping to the humid beat
of an old man's hands.

I survey sweat-stains on the back
of a black woman's yellow Lycra
and Popsicle stains on a brown boy's blue shirt.

I am fixating on stains in general:
There were bloodstains on shrouds
at the Revolutionary Museum,
blood in black and white
photos of mangled martyrs,
wine stains on the napkin of the Italian gentleman,
who displayed his Cuban concubine at the hotel restaurant.

There were water stains on the billboard
above Che's black beret.

It rains hot drops of music and salt
over an island shaped like a green stain in the sea,
over the 1959 red Chevrolet across from me.

In my country, we use Clorox bleach
to un-stain colors, odors, and memories.

But in Santiago, rain is staining me
and the old man sings of blood
in his arteries.

EL RITMO DE UNA MANCHA

Cuba, 1999: Tengo 19 años,
y estoy viendo mangos derretirse en los árboles,
su líquido pegajoso goteando al ritmo húmedo
de las manos de un anciano.

Observo manchas de sudor
en la espalda de la licra amarilla de una mujer negra,
manchas de helado en la camisa azul de un niño moreno.

Me fijo en manchas, en general:
Había manchas de sangre en velos
en el Museo Revolucionario,
sangre en blanco y negro
en fotos de mártires mutilados,
manchas de vino en la servilleta del señor italiano,
exhibiendo a su concubina cubana en el restaurante del hotel.

Había manchas de agua en una cartelera inmensa
sobre la boina negra del Che.

Llueven gotas calientes de música y sal
sobre una isla con forma de una mancha verde en el mar,
sobre ese Chevrolet rojo de 1959 frente a mí.

En mi país, el cloro lo blanquea todo;
limpiamos colores, olores y recuerdos.

Pero en Santiago la lluvia me mancha,
y el viejo canta de la sangre que hierve
en sus arterias.

FRANKENSTEIN

I undergo strange surgeries:
streets sewn to veins,
disparate memories
pulsing to central arteries.

Improvised tracks
like scar-stitches link
Adams Street to Second Ave.,
the Amazon to the Hudson.

The muddy Mapocho tastes salt
at mouth of the Charles,
and turns into steam
over Papallacta hot springs,
where I dipped my finger
in the moon's reflection.

It splashes la Habana's humid facades
and rolls on rails past Corrientes, Callao,
Grecia, la Coruña.

My skeleton is a sketch:
the map of a hybrid metropolis.
city lights stringing streets,
separated by time, tongue, and geography.

Crooked crosswalks converge in me
until I can't discern between
blood and trolleys, airports and arteries,
my heart and the Plaza Grande.

FRANKENSTEIN

Paso por cirugías extrañas:
calles cosidas a venas,
recuerdos dispersos, pulsando
hacia arterias centrales.

Andenes improvisados,
como cicatrices de suturas
cosen la calle Adams a la Segunda Avenida,
y El Río Hudson al Amazonas.

Al encontrar la boca del Charles,
el Mapocho fangoso sabe a sal
y se convierte en vapor
sobre las termales de Papallacta,
donde mojé mi dedo
en el reflejo de la luna.

Salpica las fachadas húmedas de la Habana
y pasa un tranvía por Corrientes, Callao,
Grecia y La Coruña.

Mi esqueleto es un bosquejo:
el mapa de una híbrida metrópolis.
Luces de ciudad hilando calles
separadas por lenguas, geografía y tiempo.

Los cruces torcidos de peatones convergen en mí,
hasta que no logro diferenciar
entre arterias y aeropuertos, vías y venas,
mi corazón y la Plaza Grande.

5. Women on fire / Mujeres encendidas

THE JACARANDAS BURN

(Dedicated to the 2020 Women's Day March in Mexico City)

What strange flowers, *las mexicanas*:
sprung from bone fragment seeds
or red nails ripped from fingers,
tulips that sprout from the dump
and smell like blood shouts in the mouth.

Broken lunatic flowers,
mass-grave roses,
remnants of hair, underwear,
a rosary, a button, a tattoo,
a kidney, a high heeled shoe,
the remains of a pulsing heart.

Flowers forced in white trucks,
in plastic bags without air or sun,
rotten-earth flowers in ardent decay.
They reek of war cries
and overflow the streets,
a seismic thunder,
shaking revolutions.

What brilliant flowers, *las mexicanas*.
They burst through the walls, explode in powder,
splatter cities, awaken stone angels,
and summon them to fight,
in the most effeminate flamboyant purple,
in the most Mexican bright pink,
a shower of sharp petals
that rip the presidential palace's doors.

LAS JACARANDAS ARDEN

(Dedicado a la Marcha del 8M de 2020 en
la Ciudad de México)

Qué flores más extrañas, las mexicanas:
surgen de semillas de fragmentos de huesos
o uñas rojas arrancadas de dedos,
tulipanes que brotan en el basurero
y huelen a grito de sangre en la boca.

Flores rotas y locas, rosas de fosas comunes,
restos de cabellos, ropa interior,
un rosario, un tatuaje, un botón,
un hígado, un tacón,
los restos de un corazón que aún late.

Flores forzadas en camionetas blancas,
en bolsas plásticas sin aire ni sol,
flores de tierra podrida en ardiente
descomposición.
Hieden a grito de guerra,
y se desbordan de las aceras,
un clamor de terremoto,
sacudiendo revolución.

Qué flores más brillantes, las mexicanas:
atraviesan las paredes, explotan en pólvora,
salpican las ciudades, despiertan los ángeles de piedra
y los llaman a luchar, en el rosa más mexicano,
en el púrpura más flameante y afeminado
una lluvia de afilados pétalos
que rompen la puerta del palacio presidencial.

How *chingonas* those dirty flowers,
wet from so many tears, snot and salt,
how *cabronas* the waves of fearless green leaves,
a sea of fed-up *mujeres hasta la madre,* México, a violently colored country,
of blood and life and red roses with thorns in mouths...

Can't you see how the jacarandas blaze?

Qué chingonas esas flores sucias
y mojadas de tanta lágrima, moco, y sal,
qué cabronas las olas de hojas verdes y sin miedo
un mar de mujeres hasta la madre, un México coloreado
de vida y sangre y rosas rojas con espinas en las bocas…

¿No ven cómo arden las jacarandas?

GREAT ART

I dreamt that a great artist invited me to his studio.
I can't remember if he was a muralist or a poet,
a novelist or a sculptor, a singer, or a painter.
But he was a great, great artist, and great artists must be
men—to be great.

I took out my poems,
but instead, he instructed me to take off my clothes.

If I was sixteen, I might've complied,
because I had read Nabokov and seen *The Lover* in high school.
Museums of Fine Art had shaped the sex and gender of my dreams.

I can't remember if it was a studio or a study,
a library or a laboratory,
a museum or a mausoleum.

But in it, I saw infinite pieces of immobile women,
parts of us, cataloged
amongst encyclopedias of metaphors
and brightly stained palettes.
In tall jars, there were legs, perfectly separated
by color and size:
Little fat white legs and long brown legs.
There were nipples pinned behind glass
like butterfly wings: the black ones with big areolas,
and the tiny pink ones, each with a label,

OBRA MAESTRA

Soñé que un gran artista me invitaba a su taller.
No recuerdo si era poeta o muralista,
escultor o novelista, un cantante o un pintor.
Pero era un gran, gran artista,
y los grandes artistas tienen que ser hombres
para ser grandes.

Saqué mis poemas,
pero me dijo que me sacara la ropa.

Si tuviera 16 años, podría haber obedecido,
porque había leído Nabokov y visto *El Amante* en la prepa.
Los museos de Bellas Artes habían dado forma al sexo y género de
    mis sueños.

No recuerdo si era un taller o un estudio,
una biblioteca o un laboratorio, un museo o un mausoleo.

Pero allí, vi retazos infinitos
de mujeres inmóviles,
partes de nosotras, catalogadas entre enciclopedias de metáforas
y paletas de colores brillantes.
En jarras altas había piernas,
perfectamente separadas
por color y tamaño:
piernas gordas y blancas,
piernas largas y morenas.
Había pezones como alas de mariposas detrás de cristales:
los negros con aréolas grandes,
los chiquitos rosados;
cada uno etiquetado,

a black word on white paper.
There were boxes full of ribs, neatly stacked,
cleanly gutted of lungs and breath.
There were reams of skin like canvas,
and cups of blue and black and hazel eyes,
glazed in glass, preserved in clear liquid:
eyes unable to blink, or gaze back.
I saw albums full of inert lips frozen in smiles:
red lips and pink lips and coffee-colored lips,
slightly broken at the edges from so many invasions,
from so much sucking and smiling
and swallowing and smiling, and repeating
the sucking, swallowing, and smiling:
lips lined up in punctuated stillness
like a beautiful poem intimating nothing but violence.

Amongst cobalt paint and envelopes full of eloquent words,
I felt silence and the humid smell of hurricanes approaching.
Silence: dripping over an Odalisque's supple hips.
Dead quiet: between a Venus's juicy thighs.
Silence: in the plastic of Lolita's sunglasses.
Silence: in the skin of Neruda's muses.
Silence: in the voices of Márquez's sad whores,
who never really spoke,
but sucked, and swallowed, and smiled.
Silence in the mouths of the whores and the virgins,
the mothers and the maids,
the girls, the young girls,
especially the girls.

I take out my poems, but instead he instructs me to take off my
clothes.
He has a paintbrush, a pen, or maybe a knife.

una palabra negra sobre papel blanco.
Había cajas llenas de costillas,
pulcramente apiladas,
limpiamente cercenadas de pulmones y aliento.
Había resmas de piel como lienzos,
y frascos de ojos negros, pardos y verdes,
barnizados en vidrio, preservados en líquido transparente;
ojos incapaces de parpadear
o devolver la mirada.
Vi álbumes llenos de labios inertes
congelados en sonrisas:
labios cafés, rosados y rojos,
un poco rotos en sus bordes por tantas invasiones,
por tanto chupar y sonreír, y tragar y sonreír,
y repetir chupar, tragar, y sonreír.
Labios alineados en silencio puntuado
como un hermoso poema que dice nada más que violencia.

Entre pintura de cobalto y sobres de palabras elocuentes,
Sentí el silencio y el húmedo aroma de huracanes venideros.
Silencio: goteando por las caderas blandas de una Odalisca.
Silencio de muerte: entre los muslos jugosos de una Venus.
Silencio: en el plástico de los lentes de Lolita.
Silencio: en la piel de las musas de Neruda.
Silencio: en las voces de las putas tristes de Márquez,
que realmente nunca hablaban,
pero chupaban y tragaban, y sonreían.
Silencio en las bocas de las putas y las vírgenes,
las madres, las muchachas, las adolescentes, las niñas,
especialmente las niñas.

Saco mis poemas, pero me dice que me saque la ropa.
Tiene un pincel, una pluma o tal vez un cuchillo.

If I am forty-two, I do not comply.

I am listening for voices through the cracks,
for the tongues that sneak up like snakes
from the locked cellar below.
Tongues have a way of escaping, I know.
My tongue attaches my body parts when I speak.
The body parts shatter the jars
and find the other parts when they speak.
The bodies become people when they speak.

I dreamt I visited the studio of a great artist.
I took out my poems, and instead, he instructed me to take off my clothes.
I do not comply.

I speak this poem, and his studio burns.

Si tengo cuarenta y dos años, no obedezco.

Escucho voces a través de las grietas,
por las lenguas que salen como serpientes
desde las jaulas subterráneas.
Las lenguas tienen una forma de escapar, lo sé.
Mi lengua une las partes de mi cuerpo cuando hablo.
Las partes de los cuerpos rompen el vidrio
y encuentran al resto cuando hablan.
Los cuerpos se vuelven personas cuando hablan.

Soñé que visitaba el taller de un gran artista.
Saqué mis poemas, pero me dijo que me sacara la ropa.
No obedezco.

Recito este poema, y su taller arde en llamas.

WHAT FLIES FROM OPEN MOUTHS

(Dedicated to Itzel Schnaas)

We will open our mouths
to exhale all the flies
that entered without asking
for our permission.

They taught us to swallow them by the gallons
with smiles painted on,
because the good girls are named Pandora,
and we have boxes in our throats
that get stuffed with uninvited guests,
like little prisons, or mini brothels,
on the verge of catching fire and combusting.

We will part our melon lips
to reveal that we too have teeth
that pronounce poems that burn
like the least polite, and most potent *chile.*

We will sew the mouths of all the wolves with barbed wire
so they'll stop devouring us daily
with their beers and pornographic movies.

We will unfurl our tongues
without needing to swallow foreign objects.
We will spit out fire and we will drink in light.
We will open our mouths and we will talk
until the sky's watery mouth opens.

LO QUE VUELA DE LAS BOCAS ABIERTAS

(Dedicado a Itzel Schnaas)

Abriremos la boca
para purgar todas las moscas
que entraron sin pedirnos permiso.

Nos enseñaron a tragarlas por galones
con sonrisas pintadas,
porque las buenas niñas se llaman Pandora,
y tenemos cajas en las gargantas
que se llenan de huéspedes no-invitados
como pequeñas cárceles,
o mini burdeles a punto de incendiarse y estallar.

Partiremos nuestros labios de melón
para mostrar que también tenemos dientes.
que pronuncian poemas que arden
como el chile menos *polite* y más picante.

Coseremos las bocas de todos los lobos
con alambre de púas, para que dejen de devorarnos a diario
junto a sus cervezas y revistas porno.

Desplegaremos nuestras lenguas
sin tener que tragar objetos extraños.
Escupiremos fuego y beberemos luz.
Abriremos nuestras bocas y hablaremos,
hasta que se abra la acuosa boca del cielo.

These mouths will not apologize.
They will smile with no obligation.
They will freeze the mouths of all the wolves,
and exhale all the flies.

Estas bocas no pedirán perdón ni permiso,
sonreirán sin compromiso,
congelarán las bocas de todos los lobos,
y exhalarán a todas las moscas.

TO A WOMAN NOT-YET-BORN

(Dedicated to my friend Sonia Caltvedt, when her daughter Josie was in utero)

I wish I did not need to wish you
voluminous steel lungs and shiny sharp teeth
that blind wolves into submission.
I wish I did not need to wish you
a bulldozer fist to crumble the walls
that will attempt to stifle your dance.

I wish room for your voice and your body,
unfolding like immense hands,
your mother's womb extending reams of safe space
for thousands of miles beyond her belly.

I would wish you wings without claws.
But I cannot wish you wings without claws,
for your freedom here must be earned scratching and scraping.
I wish you unapologetic limbs and words that shake thunder
under a world built on your supposed silence.

I wish I could only wish you the sequins of your mother's smile
and the spirals of her curls and pure honey sweetness,
as if the world outside were warm and watery and made only of women.

I wish you a terrain with no need to mark borders,
because in it, all skin is honored as sovereign.

A UNA MUJER-POR-NACER

(Dedicado a mi amiga Sonia Caltvedt, cuando su hija
Josie estaba en útero)

Ojalá no tuviera que desearte
pulmones de hierro y brillantes dientes afilados
para cegar lobos hasta someterlos
ni un puño *bulldozer* para derrumbar los muros
que intentarán detener tu danza.

Te deseo espacio para tu cuerpo y tu voz,
que el vientre de tu madre te extienda abanicos
de espacio seguro, por kilómetros,
más allá de su cuerpo.
Te desearía alas sin garras, pero no te las puedo desear,
porque aquí tu libertad se tiene que obtener rascando y raspando.

Te desearía las lentejuelas de la sonrisa de tu madre
y las espirales de sus rizos.
Te desearía dulzura pura de miel,
como si el mundo exterior fuese tibio y fluido
y estuviera formado únicamente de mujeres.

Te deseo una tierra donde no se tengan que marcar fronteras,
porque dentro de ella, toda piel se honra como soberana.

But I would be naive to dream you
a perfect universe, and thus I wish you
an army of Amazons and Liliths,
screaming angels, and an orchestra of sirens
with whom you sing and to whom the men must listen.
I wish the winged women to protect your footsteps.

But I also desire for the world to soften around you like a giant ripe
    peach.
I wish you moments to lay down your claws, fists and teeth
to contemplate the rain on your nose, the taste of persimmon on
    your lips,
the ribbons flowing from your mother's flute,
the warmth of friendly fingers in your palm,
or the temperature of your mother's cheek.

Pero sería ingenuo soñarte un espacio sedoso,
y por eso te deseo un ejército de múltiples Lilith y Amazonas,
ángeles gritones,
y una orquesta de sirenas con las cuales cantarás
y a las que los hombres tendrán que escuchar.
Deseo que las mujeres aladas te protejan a cada paso.

Pero también deseo que el mundo se te ablande
como un enorme durazno maduro,
y momentos en los que prescindas de tus garras, puños, y dientes
para contemplar la lluvia en tu nariz,
y el sabor a *persimmon* sobre tus labios,
las cintas que brotan de la flauta de tu madre,
el calor de dedos amistosos en tu mano,
y la temperatura cálida de una mejilla materna.

DON'T GET ME STARTED

**Inspired by a misogynistic Facebook comment. "Dar vergüenza" means "to give shame" or "is embarrassing." For consistency, I used "embarrassing," which occasionally waters down the original meaning.*

Girls twerking in thongs aren't embarrassing.
Sex workers waiting for your patronage aren't embarrassing.
Zaftig women in bikinis aren't embarrassing.
Adolescents in a miniskirt aren't embarrassing.
Disabled girls making out with their boyfriends aren't
embarrassing.
Women who abort aren't embarrassing.
Single mothers aren't embarrassing (but absent fathers are).
Frida and Chavela's queerness isn't embarrassing.
Big breasts aren't embarrassing.
Small breasts aren't embarrassing.
Bearded women aren't embarrassing.
Men with vulvas aren't embarrassing.
The Virgin of Guadalupe's vaginal frame isn't embarrassing.
Feminists with cans of purple paint aren't embarrassing.
Smiling women aren't embarrassing.
Unsmiling women aren't embarrassing.
Those of us who kiss each other (and not for you) are not
embarrassing.
Women who fuck a lot are not embarrassing.
Women who fuck very little are also not embarrassing.
Those of us who come without your help are not embarrassing.
But it is embarrassing that you don't know how to make us come.
Porn actresses are not embarrassing, but porn made mainly for
men is.
Lolita was not embarrassing, but her rapist and writer were.

NO ME HAGAS EMPEZAR

**Inspirado por un comentario machista en Facebook.*

Las morras que hacen *twerking* en tanga no dan vergüenza.
Las trabajadoras sexuales que esperan tu patrocinio no dan
vergüenza.
La joven con minifalda no da vergüenza.
La mujer corpulenta en bikini no da vergüenza.
La chica con discapacidad besándose con su pareja no da
vergüenza.
Las que abortan no dan vergüenza.
Las madres solteras no dan vergüenza (pero los padres ausentes sí).
Lo *cuir* de Frida y Chavela no dan vergüenza.
Los senos grandes no dan vergüenza.
Los senos chicos no dan vergüenza.
Las mujeres barbudas no dan vergüenza.
Los hombres con vulva no dan vergüenza.
El marco vaginal de la Virgen de Guadalupe no da vergüenza.
La feminista con su bote de pintura morada no da vergüenza.
La que sonríe no da vergüenza.
La que no sonríe no da vergüenza.
Las que nos besamos, y no para ti, no damos vergüenza.
Las que cogen mucho no dan vergüenza.
Las que cogen poco tampoco dan vergüenza.
Las que nos venimos sin tu ayuda no damos vergüenza.
Pero da vergüenza que no sabes hacernos venir.
Las actrices de porno no dan vergüenza, pero el porno no-feminista
da vergüenza.
Lolita no daba vergüenza, pero su violador y su creador sí.

Burning it down until no more women are found dead is not
embarrassing.
The man who kills women is embarrassing.
The rapist is embarrassing.
The wife-beater is embarrassing.
He who calls us hysterical is embarrassing.
Conversion therapy is embarrassing.
Pedophile priests are embarrassing.
Professors dating students is embarrassing.
The uncle who molests his niece is embarrassing.
Those who feel us up in the Metro are embarrassing.
Teaching us that it is our fault is embarrassing.
War is embarrassing.
Embarrassing are the men who urinate on the national monuments
they tell us are worth more than our bodies.

Quemarlo todo para que ninguna más sea hallada muerta no da vergüenza.
El feminicida da vergüenza.
El violador da vergüenza.
Él que golpea a su novia da vergüenza.
Él que nos dice histéricas da vergüenza.
La terapia de conversión da vergüenza.
Los curas pedófilos dan vergüenza.
El profe que sale con sus alumnas da vergüenza.
El tío que toca a su sobrina da vergüenza.
Los que nos manosean en el metro dan vergüenza.
Enseñarnos que es nuestra culpa da vergüenza.
La guerra da vergüenza.
Dan vergüenza los que mean en los monumentos nacionales
que tanto nos dicen que valen más que nuestras cuerpas.

EXPLANATION FOR MY SAPPHIC T-SHIRT COLLECTION[1]

I am straight like red lips curled asymmetrically.
I am straight like short pink skirts curving over my thighs.
I am straight like my hips moving calligraphically.
I am straight like liquid choreography.
I am straight like waves permed in my hair.
I am straight like uneven watery sunlight flicks.
I am straight like diffused San Francisco mist.
I am straight like roots, marbled paper, rivers, Russian Hill.
I am straight like fingers tracing un-stubbly skin in smoke-like
  spirals.
I am straight like "I won't shave my hair just to look less straight."
I am straight like "If I wear queer t-shirts, maybe more women
  might flirt with me?"
I am straight like "If only he could stop staring at me so straightly."
I am straight like "If only she could look back at me circularly."
I am straight like Sor Juana, Virginia, Frida, Chavela.
I am as straight as I am glittery princess femme-y.
I am as straight as you are willing to see me.

1. No se puede traducir este poema. Es un juego con el doble sentido de la palabra "straight" en inglés, que no existe en español.

THROWING BONES

I don’t want you to be my shadow,
nor the dog who waits for me on the corner
(displaying the edges of your exposed skeleton,
desiring a piece of my thigh’s meat).

I don’t want you to look at me
as if I were the Last Supper.

I don’t want to lie over your empty table
(just so you don’t cry
as you lick my ribs dry).

I don’t want your kisses.
I don’t want your bones.
I don’t want your eyes.
I don’t want your hunger.

TIRANDO HUESOS

No quiero
que seas mi sombra,
ni el perro que me espera en la acera
(mostrando su esqueleto descubierto,
anhelando un pedacito de mi pierna).

No quiero que me mires
como si fuera la Última Cena.

No quiero acostarme
sobre tu mesa vacía
(solo para que no llores,
mientras me lames las costillas).

No quiero tus besos.
No quiero tus huesos.
No quiero tus ojos.
No quiero tu hambre.

SWEET

Contrary to popular belief,
my salt does not contradict my sweet,
and my sugar does not invite you to feast upon my meat.

I do not perfume the streets with guavas
to be met by your tongue,
and my lips don't sour
when I use my teeth.

Honey can bite you,
and cherry stains can write words that sting you.
All things sweet have pits and peels to protect their fruit,
so don't let my sweetness confuse you.

My honeybee buzz might pierce you,
with my no, no sir, no thank you.
I am still passion fruit, sir,
Even when I tell you that you may not eat, sir.
I am not sweet for your collective hunger.

You should know better
that my peach fuzz is not for you, sir,
that my hug chooses where to spread its sugar.

I am not sweet despite my edge.
I am sweet all along my edge.
I am a beautiful sharp backbone,
a dangerously lashing tongue.
I am salt and bitch and witch,

DULCE

Al contrario de lo que se dice,
mi dulzura no contradice mi sal,
y mi azúcar no le invita a saborear mi carne.

No perfumo las calles con guayaba
para ser recibida por su lengua.
Y mis labios no se vuelven agrios
cuando uso mis dientes.

La miel le puede morder,
y las manchas de cerezas pueden escribir palabras que le piquen.
Todo lo dulce tiene cáscaras y huesos para proteger sus frutas,
así que no deje que lo confunda mi dulzura.

Mi zumbido de abeja melífera le puede punzar, señor,
con mi no, no, no gracias, señor.
Aún soy maracuyá, señor,
incluso cuando le digo que no puede comer, señor.
No soy dulce para su hambre colectiva.

Mejor debería saber,
que mi melocotón no es para usted, señor,
que mi abrazo elige donde esparcir su azúcar.

No soy dulce a pesar de mi filo.
Soy dulce a lo largo de mi filo.
Soy una hermosa columna vertebral,
una lengua peligrosa que azota.
Soy *perra*, bruja y sal,

and the hardest pit when I choose,
and the ripest papaya when I choose.
I don't have to be sweet to you.
I shouldn't have to beg for respect from you.

My sweetness is inseparable from my teeth.

y el hueso más cortante cuando quiera,
y la papaya más madura cuando quiera.
No tengo que ser dulce con usted.
No tendría por qué pedirle respeto.

Mi dulzura es inseparable de mis dientes.

EVEN CHERRIES HAVE PITS

NO
emerges red and round from my lips
like the cherries we devoured on the road to nowhere.
I spit out the pits so hard your windshield shatters.

NO
shaped like an O
comes hard and thick
like the form of my mouth around you,
my head beneath your steering wheel,
as the plastic virgin on your dashboard shivered with your power.

NO.
This is the last time I spit you, and I will no longer swallow you,
not from any orifice.
Not even my eyes or ears will sip a single particle of you.

NO.
I spit back the cherries red and whole
like the sex of your freshly picked teenagers who will
someday say NO to you.

NO.
with no question mark, no dot-dot-dot, no maybe.
followed by silence. One dot. A door. Another. A padlock.

INCLUSO LAS CEREZAS TIENEN HUESOS

NO
emerge rojo y redondo de mis labios
como las cerezas que comimos en camino a la nada.
Escupo sus semillas tan duro que se rompe tu parabrisas.

NO
En forma de O
viene grueso y duro
como la forma de mi boca alrededor de ti,
mi cabeza bajo tu volante,
mientras la Virgen de plástico temblaba con tu poder.

NO.
Es la última vez que te escupo, y ya no te tragaré,
por ningún orificio.
Ni mis orejas ni mis ojos beberán una sola partícula de ti.

NO.
Escupo tus cerezas rojas y enteras
como el sexo de tus adolescentes
recién elegidas
que algún día te dirán que
NO.

NO.
sin ningún signo de interrogación,
sin un *tal vez* seguido de silencio,
sin puntos suspensivos.
Un punto. Una puerta cerrada. Otro punto. Un candado.

NO unbreakable. Un seducible. Impenetrable.
There are no more cherries in here for you.

This NO is final.

NO.
Irrompible. No-seducible. Impenetrable.
Aquí, ya no hay más cerezas para ti.

Este NO es inamovible.

WOO ME WITH NERUDA LINES

This one's for you, lover man,
you chunk of flaming charm.

You melt me when you tell me
how you watch recordings of me
performing my poetry
-on mute-
because I look so sexy.

Particularly if it's feminist-protest-of-femicide poetry.
Yeah, that's... sexy?

Damn, you really get me.
Let me have your babies.

Woo me with Neruda lines.
Dime que te gusto cuando callo
porque estoy como ausente.

Don't address me as someone with a Ph.D.
Instead, call me "Dr. Pretty."
Tell me again how smart women are sexy.

Tell me how feminism is the same as chivalry.
Let me beg on bended knee
for you to explain more things to me.

CORTÉJAME CON CITAS DE NERUDA

Esto es pa' ti, papi.
Eres un trozo de encanto llameante.

Me derrites cuando me dices
que miras grabaciones de mí
recitando mis poemas
-en silencio-
porque así me veo sexy.

Particularmente si el poema es anti-feminicidio y es feminista.
Sí, eso es... ¿sexy?

Maldición, realmente me entiendes.
Déjame tener a tus hijos.

Cortéjame con citas de Neruda.
Dime que te gusto cuando callo
porque estoy como ausente.

No me digas "Doctora".
Dime "Doctora Bonita".
Repíteme que las mujeres inteligentes somos sexys.

Dime en qué se parece el caballerismo al feminismo.
Déjame rogarte arrodillada
que me expliques más cosas.

Confide in me intense things about you unsolicited-ly
without you asking me anything about me.
Expect me to be that therapist you refuse to see,
but for free.

Touch my thigh without asking me,
because you know that polite grimace on my face
is really a yes from me.

Tell me that lesbians make love so sensually,
just after I tell you I'm a lesbian
so that you'll stop hitting on me.

But we know that only you can pleasure me
better than any woman could possibly pleasure me.
You intuitively know me better than me.
Even when you're not listening to me.

Papi please, tell me "my" fantasies.
Pitch your proposal to bathe me blindfolded
when I told you I'm not into you that way.

And you know I'm spouting queer feminist theory
just to make you horny.
Or maybe you're just watching my lips move sensually.

Please don't let my words get in the way
of the fantasy you have of me.

Put this poem on play,
and make sure to mute everything I have to say.
I'm sure you'll find it alluring that way.

Sin que te lo solicite,
confía cosas intensas acerca de ti en mí
sin que me preguntes nada de mí.
Espera que yo sea la terapeuta que te niegas a ver,
pero gratis.

Toca mi muslo sin preguntarme,
porque sabes que la mueca respetuosa en mi cara
realmente significa “sí”.

Dime que las lesbianas hacemos el amor sensualmente
justo después de que te digo que soy lesbiana
para que dejes de coquetear conmigo.

Pero sabemos que solo tú me puedes dar placer
mejor que lo que podría cualquier mujer.
Me conoces mejor que yo, intuitivamente,
hasta cuando no me estás escuchando.

Papi por favor, dime mis fantasías.
Presenta tu propuesta de bañarme con los ojos vendados
cuando ya te dije que no me gustas así.

Y sabes que solo te estoy soltando toda esta teoría cuir feminista
para que te pongas bien cachondo.
O tal vez solo estás viendo los movimientos sensuales de mis labios.

Please no dejes que mis palabras interrumpan
la fantasía que tienes de mí.

Ponle *play* a este poema
y asegúrate de silenciar todo lo que tengo que decir.
Te prometo que así lo encontrarás más tentador.

LOVE POEM

This is not a love poem.
This is not a poem in which I give you a metaphoric blowjob.

In this poem, I am not the aroma that perfumes your wet dream.
I am not magnolia, rose, orchid, or jasmine. I am not a flower.
No yellow butterflies kiss my skin in the blue light.
This is not a poem where I part my "tender thighs" and "juicy lips"
for you, for any of you:

That is your poem.
This is not your poem.
This poem is not for you.

If in this poem I taste of mango, I choose
who licks my sweet open wounds.
In this poem, I am not "woman:"
I am not a round breast and a pointy pink nipple.
I am not yours to suckle or paint.

You may not depict my desire.
You may not dip your paintbrush in my mouth,
or your finger in my honey.
There is no honeypot in this poem,
and I have no desire
to sweeten your coffee or cocktail
with my smile.

POEMA DE AMOR

Este no es un poema de amor.
No es un poema en el cual te doy una mamada metafórica.

En este poema, no soy el aroma que perfuma tu sueño húmedo.
No soy magnolia, rosa, orquídea o jazmín. No soy una flor.
Ninguna mariposa amarilla besa mi piel en la madrugada azul.
Este no es un poema donde parto mis "muslos tiernos" y mis
"labios jugosos"
para ti, para cualquiera;

Ese es tu poema.
Este no es tu poema.
Este poema no es para ti.

Si en este poema yo tengo sabor a mango, solo yo elijo
quién lame mis dulces heridas abiertas.
En este poema, no soy "mujer";
no soy un seno redondo y un pezón rosado,
no soy tuya para amamantar o pintar.

No puedes dibujar mi deseo.
No puedes mojar tu pincel en mi boca,
ni tu dedo en mi miel.
No hay una jarra de miel en este poema,
y no deseo endulzar tu cóctel o tu café
con mi sonrisa.

In this poem my body has words.
It is a poet that speaks.
I am not your poem.
I am a human on fire.

If this is a love poem
only I devour mangos with other women,
our fingers sticky with the power of our own honey.

En este poema mi cuerpo tiene palabras.
Es una poeta que habla.
Yo no soy tu poema.
Soy un ser humano en llamas.

Si este poema es un poema de amor,
sólo yo devoro mangos con otras mujeres,
nuestros dedos pegajosos del poder de nuestra propia miel.

6. Eve un-sews a rib / Eva descose una costilla

EVE RETURNS TO EDEN

Adam:

I need you to stop
trying to steal my ribs,
as if my body were some fruit
that contains your lost bones.

EVA SE REGRESA AL EDÉN

Adán:

Necesito que dejes
de intentar robarme las costillas,
como si mi cuerpo fuese una fruta
que contiene tus huesos perdidos.

THORACIC ORCHARD

Eve expropriates a rib.

Its cold contour had never fit
around her warm lungs,
its finger manipulating her
breath as if she breathed
through recurring Adams,
her bones sewn to hairy hands
with puppet strings,
dancing her to an external rhythm.

But Eve's skeleton
never needed foreign filaments,
her apple full
in its ossified branches,
her skin curving comfortably
around the wholeness
of her contents.

Eve unsews her supposed origin,
delicately undoing a history.

HUERTO TORÁCICO

Eva expropia una costilla.

El contorno frío del hueso nunca encajó
alrededor de sus pulmones.
Eran dedos extraños manipulando su aliento
como si respirara por Adanes recurrentes,
sus huesos cosidos con hilos de títeres,
haciéndola bailar a un ritmo externo.

Pero el esqueleto de Eva
nunca necesitó de extraños filamentos,
su manzana llena
en sus ramas osificadas,
su piel abrazando la plenitud
de su contenido entero.

Eva descose su supuesto origen,
delicadamente deshaciendo una historia.

2458.3 MILES

Listen:
The distance between then and now
is longer than
a ribbon of footprints
from Patagonia to New York.

Listen closely:
That is our distance.

Instead:
Let me keep you
wrapped in green and blue
lagoons, with red *copihues* in your black hair.

But let me leave you there,
unable to bruise my poetry,
there, somewhere far
deep in time's Southern Hemisphere
behind two cups of Chilean wine,
two licorice eyes,
two warm palms filled
with the fingers
of a former me.

Remember:
The distance between that dream,
seeped in mountain smoke
and soaked inside blue bottles,
is littered with blood
on broken glass.

3956.3 KILÓMETROS

Escucha:
la distancia
entre aquel tiempo y ahora
es más larga que
una cinta de huellas
desde la Patagonia hasta Nueva York.

Escucha bien:
esa es nuestra distancia.

En cambio:
déjame dejarte
envuelto en lagunas de verde azulado
con copihues rojos en tu cabello negro.

Pero déjame dejarte ahí,
incapaz de dañar mis poemas,
ahí, profundamente alejado
en el hemisferio sur del tiempo,
detrás de dos copas de vino tinto,
dos ojos de regaliz,
dos palmas tibias
llenas de los dedos
de otro yo.

Recuerda:
la distancia entre ese sueño,
filtrado con humo de montaña
y empapado dentro de botellas de cobalto
está salpicada de sangre
sobre vidrios rotos.

KINTSUGI

I was told my thirst was for men,
if I drank enough of their fluid, my belly would be full.
So I believed it, until my skin cracked like the desert
and I began to seek water in the sweat, saliva and semen
of bodies ripping through me with salty geysers
that widened my cracks into nervous smiles.

That night in the park with my skirt over your head,
your tongue was everywhere in my fault lines, licking my wounds
like that serpent in the garden of Eden, by the small stream
and the graffiti under the bridge.
I shivered in the summer heat
because I was still so thirsty, even with your water
running down my legs.

That night I was so thirsty, I didn't even wear panties.
The moment we got in the door I got on my knees
and drank you a thousand times, but my throat was still parched.
I wanted to shove your bones so high into my pelvis
that my wounds would heal, but instead with each pounding
they opened like suicidal flowers.

My wounds were confused in their thirst,
which was never for you, though I didn't yet know it.
I had not yet located the cavity of my own reservoir,
where the crevices were not wounds put pools of water.

It was then I realized I was always actually thirsty only for me,
that I was never the desert I was told to be.

KINTSUGI

Me decían que mi sed era de hombres,
que si bebiera bastante de su líquido,
me llenarían el estómago vacío.
Eso me decían. Así que lo creí, hasta que me piel
se agrietó como el desierto,
y comencé a buscar agua en el sudor, semen y saliva
de cuerpos que me rajaban con géiseres salados,
que dilataban mis grietas
hasta convertirlas en sonrisas nerviosas.

Esa noche en el parque con mi falda sobre tu cabeza,
tu lengua estaba por todas partes, recorriendo mis líneas de falla,
lamiendo mis heridas como aquella serpiente en el jardín del Edén,
por el pequeño riachuelo y el grafiti debajo del puente.
Temblé en el calor porque seguía sedienta,
aunque tu agua se deslizara por mis piernas.

Esa noche tenía tanta sed que ni siquiera me puse calzones.
Cuando entramos en la puerta, me arrodillé y te tragué mil veces,
pero mi garganta seguía reseca.
Quería empujar tus huesos tan altos en mi pelvis que pudieran
    sanar mis heridas,
pero con cada empujón se abrían, como flores suicidas.

Mis heridas estaban confundidas en su sed,
que nunca fue por ti, aunque aún no lo sabía.
Aún no había conocido la cavidad de mi propia represa,
donde los resquicios no eran heridas, sino piscinas
de aguas termales.

Ahí me di cuenta de que realmente tenía sed de mí,
y que nunca fui el desierto del cual me habían hablado.

They had never shown me the map of my own seas,
the *cenote* in my throat or the waterfalls that my fingers
and my mouth could summon by their own peregrinations,
that tsunami of poetry in my groin and my words, that could fill a
thousand cracks
with gold and wet my skin.
I now hydrate from within, drinking from my own ocean.

No había conocido el mapa de mis propios mares,
el cenote en mi garganta y las cascadas
que mis dedos y mi boca pueden convocar con sus propios
peregrinajes,
aquel tsunami de poesía en mi ingle y mis palabras,
que puede llenar mil grietas de oro, y mojar mi piel.
Ahora me hidrato desde adentro, bebiendo de mi propio océano.

POETIC RETURN

I take back those sapphic love poems I wrote.
You're old enough now to lick your wounds
and do your homework by yourself.
I turn the poems around in the mirror
until they start making love to me.

I duplicate myself like the Two Fridas,
but without that painting of Diego in my hand.
My veins are now intact.
I purchase all the flowers from Trader Joe's
and line my room with roses.

Me and I moonwalk,
drunk on the blinking San Francisco streetlights' dusk.
I dedicate a lesbian love song to myself,
at the tip of Twin Peaks, at the top of my lungs
because it's not enough
just to love another woman.

DEVOLUCIÓN POÉTICA

Me retrato de esos poemas sáficos que escribí.
Ya tienes bastantes añitos para lamer tus propias heridas y hacer tu
tarea solita.
Volteo los poemas en el espejo,
hasta que comienzan a hacerme el amor.

Me duplico como las Dos Fridas,
pero sin la pintura de Diego en mi mano.
Mis venas están intactas.
Me compro todas las flores en *Trader Joe's*
y forro mi habitación con rosas.

Yo y yo hacemos el paso de la luna,
borrachas de los parpadeos de los faroles
en el crepúsculo en San Francisco.
Me dedico una canción lésbica a mí misma,
en la cima de Twin Peaks, a pleno pulmón
porque ya no basta
con solo amar a otra mujer.

7. To feel and write like a dancer / Sentir y escribir como una bailarina

VIRGIN

(Dedicated to the Dance Complex, where I began choreographing)

You don't look virgin,
with your stream of passing bodies,
your worn edges that my feet
know like my childhood bedroom in the dark.

Receptacle of used things-
fingerprints, lone socks, bent hairpins,
a trumpet note, a snapped guitar string,
broken glass, smells, stains-

You are humid and dark like that room in Chile,
the house on the Malecon with peeling paint.
With cracks and holes, eyes that watch me,
leaking bodily liquids, light, dust, rain.

Firetrap:
pigeons in the attic catch flame and fly.

You weren't virgin as I tripped on your ghosts in search of
movement.

But then:
I opened a window,
traced my toe against your floor,

and entered virgin territory.

VIRGEN

(Dedicado al Dance Complex, donde empecé a coreografiar)

No pareces virgen,
con tu chorro de cuerpos pasantes
tus bordes desgastados que mis pies conocen
como el cuarto de infancia en la oscuridad.

Receptáculo de cosas usadas:
huellas digitales, calcetas solitarias, horquillas torcidas,
una nota de trompeta, una cuerda de guitarra quebrada,
vidrio roto, olores, manchas-

Eres húmedo y oscuro como ese cuarto en Chile,
como la casa en el Malecón con la pintura descascarada.
Con grietas y agujeros, ojos que me miran,
goteando sudor, luz, polvo, lluvia.

Incendio:
las palomas en el ático cogen fuego y vuelan.

No eras virgen cuando tropecé con tus fantasmas en búsqueda de
movimiento.

Pero de repente:
abrí una ventana,
tracé mi dedo por tu piso,

y entré en territorio virgen.

CONDUIT

I vibrated.
(I was wood)

I felt a sharp zapateo
over my grains,
tattooing me with heel stamps.

I was a violin string:
Tangos traced my spine.

I was vibration,
and I felt
everything.

CONDUCTO

Vibré.
(Fui madera)

Sentí un zapateo agudo
sobre mis granos,
tatuándome con taconeados.

Fui hilo de violín, línea suspendida,
y el aire de un tango
corrió por mi columna.

Fui
vibración
y sentí
todo.

GLASS FROG

Translucent creatures lack shells and tact:
Veins hyper-visible beneath glassy skin,
we leave nothing to the imagination.

No amount of makeup renders us opaque:
Our clear peels reveal all our sensations.

Axolotl, glass-winged butterfly, jellyfish:
Hyper-sensitive beings that quake like Jell-O
at the faintest breeze.

I, the glass frog,
am as valiant as I am transparent:
a mini glowing green alien,
brave to lay bare my tiny bones and organs
brazenly unclothed for all to see,
with delicately brutal honesty.

RANA DE CRISTAL

Las criaturas translúcidas carecen de caparazón y tacto:
venas hiper-visibles bajo piel vidriosa,
sin dejar nada a la imaginación.

Ninguna cantidad de maquillaje nos puede volver opacas:
nuestros caparazones invisibles revelan todas nuestras sensaciones.

Axolotl, aguamala, mariposa de cristal:
seres hipersensibles que tiemblan como gelatina
ante la brisa más leve.

Yo, la rana de cristal
soy tan valiente como transparente:
una pequeña alienígena verde brillante,
valiente para dejar al descubierto
mis pequeños órganos y huesos,
con una honestidad delicadamente brutal.

THE ANATOMY OF FLIGHT

Teach me the architecture of a wing—
each bone and its Latin name.

Etch it over my shoulder in chalk.

Sew it to my ribs
to alleviate my body's weight
over the ossified anatomy
of my feet.

LA ANATOMÍA DEL VUELO

Enséñame la arquitectura de un ala—
cada hueso y su nombre en latín.

Dibújala sobre mi hombro con tiza.

Cósemela a las costillas
para aliviar el peso de mi cuerpo
sobre la anatomía calcificada
de mis pies.

THE BLOOD CAN WAIT

Sisyphus, drop it:
Lay your boulder down by the side of the road.

Atlas, stop:
Hang the globe on a hook and take the day off.
Just for now, put the past and future on mute.
Put the asteroids and earthquakes in a box,
and tell them they can wait.
At least, put the apocalypse on pause
with the fires, floods, and plagues.

The bed bugs can go a night without blood.

You can worry about paying the rent tomorrow.
You can write your thousandth job application tomorrow.
You can hyperventilate into a scratchy mask tomorrow.
You can grind your teeth to dust tomorrow.
You can disinfect the doorknobs again tomorrow.
You can bury your friends tomorrow.
You can bury your head into a pillow and scream tomorrow.
You can mourn a constantly opening wound tomorrow.

But for now, put the avalanche on hold.
For now, just let go.

Melt your muscles off like ice blocks in the sun,
unlatching the hinge of your jaw.

Hang your skeleton out to air by the sea.
Let the salt breeze clink breath between your bones.

LA SANGRE PUEDE ESPERAR

Déjalo, Sísifo:
acuesta tu roca al costado del camino.

Atlas, para:
cuelga el globo en un gancho y toma un descanso.
Solo por ahora, pon el pasado y el futuro en silencio.
Pon los asteroides y los temblores en una caja,
y diles que pueden esperar tantito.
Mínimo, pon el apocalipsis en pausa
con los incendios, diluvios, y plagas.

Las chinches pueden aguantar una noche sin sangre.

Puedes preocuparte de pagar la renta mañana.
Puedes escribir tu milésima aplicación laboral mañana.
Puedes hiperventilar dentro de una máscara áspera mañana.
Puedes rechinar tus dientes y convertirlos en polvo mañana.
Puedes desinfectar los pomos otra vez mañana.
Puedes enterrar a tus amigos mañana.
Puedes enterrar tu cara en una almohada y gritar mañana.
Puedes velar una herida constantemente abierta mañana.

Pero por ahora, pon la avalancha en pausa.
Por ahora, suelta todo.

Derrite tus músculos como bloques de hielo bajo el sol,
desenganchando la bisagra de tu mandíbula.
Cuelga tu esqueleto al aire libre junto al mar.
Deja que la brisa salada tintinee por tus huesos.

Drop your bones.
Let the last rock break the wet paper bag.
Fall into the sand.
Lay there like a pile of stones.
Tell the tsunami "not today."
Let the saltwater lick your wounds.

Suelta tus huesos.
Deja que la última piedra rompa la bolsa de papel mojada.
Cae en la arena.
Acuéstate ahí como una pila de piedras.
Dile al tsunami que hoy no.
Deja que el agua salada lama las heridas.

CATHARSIS

I want to pry
my collar bones with my thumb,
unlock my rib cage, plumb
my skin like a persimmon,
wrap my fingers around its seed,
extract it round and pumping,
feel its pulse in my palm
red petals uncurling
to the intimate touch of rain.
I want my heart to push at my skin
till it softens.
I'm giving birth my heart
with my mouth wide open.

CATARSIS

Quiero abrir mi clavícula con mi pulgar,
destapar mi caja torácica, sondear
mi piel como un mamey,
envolver mis dedos alrededor de su semilla,
extraerla, redonda, pulsando,
sentir su latido en mi palma,
desenroscando pétalos rojos
hacia el roce íntimo del rocío.
Quiero que mi corazón empuje mi piel
hasta que se ablande.
Estoy pariendo a mi corazón
con la boca bien abierta.

8. THE COLOR OF CREATION / EL COLOR DE LA CREACIÓN

TABULA RASA

wear something white-
a piece of paper,
the skin of an albino alligator

wear something invisible
because white doesn't exist
--or it maybe it does--
just to be stained

splatter your linen suit
with metaphors, *mamey* and mango
soak your wedding dress
in mud, music, and rain

stain yourself with words-
red and sweet like beets,
hugs with juicy ink,
impermeable memories
that bleach can never clean

put on something white
and smudge yourself with fingerprints
because we are born from blood
and virginity doesn't exist

give birth like you were born
in a great big red stain
on the face of a large white canvas-
ready to paint.

TÁBULA RASA

ponte algo blanco-
una hoja de papel
la piel de un cocodrilo albino

ponte algo invisible
porque el blanco no existe
--o tal vez sí--
solo para mancharse

salpica tu traje de lino
con metáforas, mango y mamey,
baña tu vestido de novia
en música, lluvia y barro

tíñete de palabras-
ricas y rojas como remolachas,
abrazos de tinta jugosa,
recuerdos impermeables
que el cloro no alcanza a limpiar

ponte algo blanco
y ensúciate de huellas
porque la virginidad no existe
y nacimos de la sangre

nace como naciste
en una mancha de pintura roja
sobre el rostro de algún lienzo blanco
lista para pintar.

WHITE WORLD

Snow makes me nervous.
It's bone-blank pages,
unpainted plaster,
empty porcelain bowls
—hungry—
for crimson cherries,
cobalt paint,
olives.

It's not
a burst of blood oranges,
a turquoise current of coral,
a Mexican market,
a flood of flowers,
a feast of purple figs,
Frida's canvas.

It cannot be screamed
in sundrenched amber
across a plaza, in Spanish.

Snow, to me,
whispers whitely,
only
in English.

UN MUNDO BLANCO

La nieve me pone nerviosa:
es blanca
como páginas, huesos,
yeso despintado,
boles de porcelana vacíos
—hambrientos—
de cerezas de carmesí,
pintura de cobalto,
aceitunas.

No es una ráfaga
de naranjas de sangre,
una corriente de agua turquesa con coral,
un mercado mexicano,
un torrente de flores,
un banquete de higos morados,
un lienzo de Frida.

No se puede gritar en un ámbar de sol
al otro lado de una plaza, en español.

La nieve, para mí,
susurra blancamente,
solo
en
inglés.

THE COLOR OF MY LIPSTICK

My red cannot be wrapped in plastic
or sweetened with white sugar.
It drips, tiny hearts of pomegranate seeds exploding
down my fingers to my palms and wrists.

It swims through my viscera
like a school of crimson fish,
flash of sanguine sequins through my veins
red stretched like a hammock across my lips
as I dance arms outstretched
in one of my many red dresses,
ripe tomato heart pumping magnetic towards the sun.

My red is an overflowing river,
warm like my love for everyone,
and deep like a chorus of screaming global wounds,
the taste of a cherry's skin breaking,
the sweet beet juice staining my tongue,
red screaming Revolution at the top of my scarlet lungs
my red-hot words seducing and stinging,
disrupting any attempts at containing
the healing current of my blood.

EL COLOR DE MI LABIAL

No se puede empaquetar mi rojo en plástico,
ni se puede endulzar con azúcar blanca.

Gotea corazoncitos de semilla de granada en plena explosión
desde mis dedos hasta mis palmas y muñecas.

Nada por mis vísceras como un banco de peces carmesíes
un estallido de lentejuelas sanguíneas a través de mis venas,
el rojo se estira como una hamaca sobre mis labios
mientras bailo con los brazos abiertos
en uno de mis mil vestidos rojos;
mi corazón de tomate maduro pulsa como imán hacia el sol.

Mi rojo es un río, caliente y desbordante
como mi amor por todes,
profundo como un coro de heridas globales,
el sabor a piel de una cereza al romperse,
el jugo dulce de betabel manchando mi lengua,
rojo Revolución gritando por mis pulmones de carmín
mis palabras rojas y calientes seduciendo y picando,
interrumpiendo cualquier intento de contener
la corriente curadora de mi sangre.

9. Family trees / Árboles familiares

MORE HEALING THAN ALL THE BANDAIDS IN THE WORLD

(Dedicated to my father, John Sherman)

Your fingers:
the longest, warmest roots.

I fit my small hand
into your palm
where I once fit my whole body.

Your hands:
my other womb.

MÁS CURADORAS QUE TODAS LAS CURITAS EN EL MUNDO

(Dedicado a mi padre, John Sherman)

Tus dedos:
las raíces más largas y cálidas.

Me quedo con mi mano pequeña en tu palma
donde una vez cupo todo mi cuerpo.

Tus manos:
mi otro útero.

ODE TO MY MOTOR

(Dedicated to my mother, Barbara Sherman)

Your heartbeat:
my first music.

when my oxygen
still drank
from your veins

I learned to dance
in the rhythm
of your pulse

as you knit my ribs
out of your blood
and my heart

out of your own flesh.

ODA A MI MOTOR

(Dedicado a mi madre, Barbara Sherman)

Tu latido:
mi primera música.

cuando mi oxígeno
aún bebía
de tus arterias

aprendí a bailar
en el ritmo
de tu pulso

mientras tejías mis costillas
de tu sangre
y mi corazón

de tu propia carne.

MY GRANDMOTHER'S FEATHERS

Ancient hummingbird,
you wear small bones
and bright colors.

Your wings spring from
oxidized ribs
and brush orchids into existence.

Don't rest yet:
your heart beats water
into thirsty flowers.

LAS PLUMAS DE MI ABUELA

Colibrí antiguo
te vistes de huesos pequeños
y colores brillantes.

Tus alas emergen
de costillas oxidadas
y hacen bailar a las orquídeas

No descanses todavía:
tu corazón vierte agua
en flores sedientas.

BECOMING WHITE

My great grandfather didn't arrive here white. Back then, there was no survey at border patrol with a Caucasian box to tick, and we've never been Caucasian, and it's been too long to call us Mediterranean, but we were never really Russian, and they never updated the application to specify *that* kind of strange whiteness, that precarious whiteness at the border of Gaza and Auschwitz, Ashkenazi and Sephardic, setting up shop in Brooklyn or marching on Washington, always on the verge of a holocaust or another exodus, shouted at with spit by skinheads with torches on the street, keen that we will not replace them in a land that was never ours nor theirs to replace.

We invented the word diasporic because we've never been at home. After six weeks in steerage with no bath, not even the whitest prayer shawl of the poorest Jew arrives here white. He was only six or five or two, but knew that he would have to leave his name behind with the dirty laundry from another country. He scrubbed the immigrant from his mouth, like the other great-grandfathers and great-grandmothers lucky enough to be pale enough to become fluently American. Back then they baptized Jewish names with American tenement water, so whoever he was in Yiddish before became easier to swallow and slip across the border. He was anointed John Francis Sherman the First, some Catholic-ish sounding title fit for an aspirational noble on the lam from some god-forsaken shtetl. He lived in a neighborhood the color of soot that Boston later razed to pave a highway. He soon quit school to help his family pay for soap to whiten their American sheets.

VOLVERSE BLANCO

Mi bisabuelo no llegó aquí siendo blanco. En ese tiempo, no había una encuesta en la aduana con un cuadrito para marcar como blanco, y nunca hemos sido caucásicos, y ha pasado mucho tiempo para llamarnos mediterráneos, pero nunca realmente fuimos rusos, y nunca actualizaron la aplicación para especificar *ese* tipo raro de blancura, esa blancura precaria en la frontera entre Sefardí y Asquenazí, Auschwitz y Gaza, protestando en Washington o montando tiendas en Brooklyn, siempre al borde de otro éxodo u holocausto, recibiendo escupidas de fascistas con antorchas gritando que nosotros no seremos su reemplazo, en una tierra que nunca fue nuestra ni suya como para reemplazarlos.

Inventamos la palabra *diáspora* porque nunca hemos estado en casa. Después de seis semanas en entrepuente sin un baño, ni el taled del judío más pobre como él llega aquí blanco. Tenía solo seis o cinco o dos años, pero sabía que tenía que dejar su nombre atrás, con la ropa sucia de otro país. Se limpió al inmigrante de su boca como los otros bisabuelos afortunados de ser suficientemente pálidos para volverse fluidamente americanos. En aquel entonces bautizaban nombres judíos con agua de viviendas americanas, así que quién sea que fuera en yídish antes de llegar se hizo más fácil de tragar y cruzar por la frontera. Fue ungido John Francis Sherman Primero, un título medio católico adecuado para un noble aspiracional en fuga de algún *shtetl* abandonado por dios. Vivió en un barrio del color del hollín que luego Boston arrasó para pavimentar una carretera.Se salió del colegio para ayudar a su familia a pagar el jabón para blanquear sus sábanas americanas.

John Francis Sherman the First soiled his immigrant hands on his highway to buying his whiteness, via the land beneath the Boston Ritz, and a fully furnished mansion with a coat of arms, gargoyles, a suit of armor and porcelain plates left over by the previous owner. He had his initials painted over them with in faux gold. So white he would go bankrupt in the Great Depression, and still be buried in a marble mausoleum. My great grandfather became a blood-money-sucking strike-breaking anti-labor spy, crumbling unions, inciting scuffles between people like him: Jews, Irish, and Italian immigrants. A Jew doing the dirty business the country-club monopolists had outsourced to him, until he got a seat at the dinner table with them. He made the most and then some of the only work available to him. This is how the immigrant detective's assistant, and then president of Sherman Detectives, and later president of the Sherman Corporation learned to be seen as a human, and to be respected as a "decent" American.

And all of this just so that his great-granddaughter would be born white enough to comfortably become some queer feminist anti-capitalist anti-racist anti-Zionist Californian commie choreographer with a PhD from Berkeley and the privilege of choosing to learn Spanish instead of Yiddish, and the pretension to disdain what her immigrant ancestor did to survive in the country she would later be born in.

John Francis Sherman Primero se ensució las manos en su carrera por comprar su blancura, a través del terreno debajo del Ritz, y una mansión amueblada, con un escudo, unas gárgolas, una armadura, y platos de porcelana dejados por el dueño anterior. Pintó sus siglas encima con en oro falso. Se volvió tan blanco que lo perdería todo en la Gran Depresión, y aún sería enterrado en un mausoleo de mármol. Mi bisabuelo se volvió un espía anti-obrero, que rompía huelgas y chupaba sangre, desmoronando sindicatos y creando peleas raciales entre gente como él: inmigrantes irlandeses, italianos, y también judíos. Fue un judío haciendo el trabajo sucio para el que los monopolistas del club de *country* le habían subcontratado, hasta consiguió sentarse en la mesa para cenar con ellos. Él hizo lo mejor y más con el único trabajo disponible para un asistente de un detective inmigrante, y así aprendió a ser visto como ser humano y a ser respetado como un decente americano.

Y todo esto solo para que su bisnieta naciera lo suficientemente blanca para volverse alguna cuir feminista, anti sionista, antirracista, anticapitalista, californiana, socialista, coreógrafa, con un doctorado de la Universidad de California, y el privilegio para decidir estudiar español en vez de yídish, y la pretensión de desdeñar lo que hizo su ancestro inmigrante para sobrevivir en el país donde ella más tarde nacería.

10. Dancing with friends, here and gone / Bailando con amigos, presentes y ausentes

EBBING PULSE

(Dedicated to loved ones lost in the pandemic)

When you go, explode seeds over soil,
planting feathers in my skin,
birds,
about to be born in my belly
with each drop of water.

PULSO MENGUANTE

(Dedicado a los seres queridos fallecidos en la pandemia)

Cuando partas,
reviéntame semillas sobre el suelo,
sembrando plumas en mi piel,
pájaros,
a punto de nacer en mi ombligo
con cada gota de agua.

FAIRYLAND ELEGY

(Dedicated to the memory of my friend David Flaig)

I remember twirling blades of grass between my toes,
and your copious smile
one summer afternoon after buying white orchids.

I remember pure thin joy
slipped into a lavender
crop top and jean shorts
so tiny they might have belonged to a fairy.

I never fully understood you
but I did not need to
because you were never
from this world
and because of this
I know you are / not dying.

you were always one of the weightless things and so shall you remain:
the blades of grass between our toes,
the most flamboyant butterflies,
light and twigs
and all the thin filaments
that tickle our skin to smile and wet the grass.

ELEGÍA PARA LAS HADAS

(Dedicado a la memoria de mi amigo David Flaig)

Me recuerdo hacer girar fibras de pasto entre mis dedos
y tu copiosa sonrisa
una tarde de verano después de comprar orquídeas blancas.

Me recuerdo de alegría pura delgada
deslizada en *top* corto y *shorts*
tan pequeños que podrían haber pertenecido a un hada.

Nunca te entendí,
pero no tenía que hacerlo
porque nunca fuiste de este mundo
y por esto
sé que no / estás muriendo.

Siempre fuiste una de las cosas ligeras y así permanecerás:
el pasto entre nuestros dedos,
las mariposas más afeminadas,
luz y ramitas,
y todos los finos filamentos
que hacen cosquillas a nuestra piel
para sonreír y mojar el pasto.

WINDSURFING WITH THE GODS

(Dedicated to the memory of my friend Corwin Hardham)

Corwin did not die Tuesday.
Instead, he went windsurfing with his previous incarnations,
Icarus and Einstein, on the beach.
Riding the swell of a salty breeze,
on freshly baked wings from his hands' brilliant oven,
he touched the Northern California sun,
orange like the autumn's ripest persimmon,
and stayed there, somewhere above the Golden Gate Bridge,
dancing contact improvisation with sunlight,
gliding on wings engineered to never melt,
picking the most the most beautiful rays
to illuminate Gia's hair,
dancing the wind into every kite.

SURFEAR EL VIENTO CON LOS DIOSES

(Dedicado a la memoria de mi amigo Corwin Hardham)

Corwin no murió el martes.
En cambio, surfeó el viento con sus previas encarnaciones;
Ícaro y Einstein, en la playa.
Montando la marea de una brisa salada
sobre alas recién cocidas del horno brillante de sus manos,
tocó el sol del norte de California,
naranja como el *persimmon* más maduro.
Y ahí se quedó, encima del Puente del Golden Gate,
bailando improvisación de *contact* con el sol,
deslizándose sobre alas diseñadas para nunca derretirse,
escogiendo los rayos más bellos para el cabello de Gia,
bailando el viento a cada cometa.

DANCE IS NOT A METAPHOR

(Dedicated to Brianna Mercado)

I have never seen
someone dance so gracefully
across a minefield.
Too many scars
across your young skin
amidst the polka dots
of your freckles.
How you ride those
searing rails of your incisions
like they were smiles, I don't know.
Maybe you don't know either,
and maybe you're tired,
but you burn
those curving flames
with your limbs
like you're on fire.

And no dose of radiation
can obliterate your radiant
body unfolding in space
your determined
breath that lifts your
arms to the heavens to say
—not yet—
because you are here on a mission
and have more than a million dances left
to burn out the toxins
with your light.

BAILAR NO ES UNA METÁFORA

(Dedicado a Brianna Mercado)

Nunca he visto
a alguien bailar con tanta gracia
sobre un campo minado.
Demasiados andenes
sobre tu piel tan joven,
entre las estrellas de tus pecas.
Cómo conduces esas
vías ardorosas de tus incisiones
como si fuesen sonrisas, no lo sé.
Y capaz tampoco sabes,
y tal vez te cansas,
pero quemas
esas llamas curvas
con tus piernas
como si estuvieses en llamas.

Y ninguna dosis de radiación
puede borrar tu cuerpo
radiante desplegándose en el espacio,
tu aliento terco
que levanta tus brazos al cielo para gritar
—aún no—
porque esta es tu misión
y te quedan más de un millón de danzas
para quemar las toxinas con tu luz.

SHAPE SHIFTER SHIT SHAKER

(Dedicated to the memory of my dance teacher
Kathleen Hermesdorf)

"Teacher" is a weak word to describe a woman who turns bodies
inside-out,
raw red viscera growing veins into space:
you sustain a web of lungs expanding.

Your religion is not for the pretty or the meek:
It is for the bold belly laugh screamers who never felt comfortable in
light pink.

You are a lime-green teal psychedelic phoenix on fire:
flesh full of light, guts glowing us on.
You are more than a teacher:
You're a punk urban sorcerer,
the groove beneath my San Francisco streets,
tuned to the frequency of Albert's wave,
polka-dot Rosie curled at his feet,
between the bright orange beams above the Tenderloin,
across the smooth wood slabs in the Mission,
through a cavernous black annex blocks away.

You don't train dancers: You unzip human skin to unleash beasts.
You conjure meat and skeleton souls in flight.
You give birth to our flesh's freedom.
You pulse blood to our limbs and breath to our bones.
You are the mover of our tectonic plates.

SHAPE SHIFTER SHIT SHAKER

(Dedicado a la memoria de mi maestra de danza Kathleen Hermesdorf)

"Maestra" es una palabra débil para describir a una mujer que da vuelta a los cuerpos,
vísceras rojas crudas que hacen crecer venas en el espacio:
sostienes una red de pulmones en expansión.

Tu religión no es para las mansas y bonitas:
es para las que gritan-ríen desde sus entrañas, para las que nunca se visten de rosa.

Eres un fénix color limón encendido:
carne llena de luz, tripas brillantes que nos iluminan.
Eres más que una maestra.
Eres una bruja *punk* urbana,
el *groove* debajo de mis calles de San Francisco,
sintonizando con la vibra de la ola de Albert,
polka-dot Rosie enrollada a sus pies,
entre las columnas anaranjadas de la Tenderloin,
sobre losas de madera en la Misión,
por un teatro cavernoso a unas cuadras.

No entrenas bailarinas: descomprimes piel humana para librar bestias.
Conjuras esqueletos de carne y alma en vuelo.
Das luz a la libertad de nuestra piel.
Pulsas sangre hacia nuestras piernas y alientas nuestros huesos.
Eres la que nos mueve las placas tectónicas.

Your dance is our home.
It's the fit for fidgety misfits like me.
It's the place to shake out our shit.
It's the funkiest post-modern Tai Chi church.
Your service is packed to the rafters.

You are much, much, much more than a teacher.
You are a master ninja warrior.
You are a Contraband dancing queen.
You are the brightest blue of the water,
and the goldest glitter on the Bay.
You are my skin being shaken alive,
oxygen pumping embodied poetry.

Tu danza es nuestra casa.
Es el hogar para las raras inquietas.
Es el lugar de agitar la mierda pa' fuera.
Es la iglesia Tai Chi posmoderna más chida.
Tu servicio se llena y se desborda.

Eres mucho más que una maestra.
Eres una guerrera diosa ninja.
Eres una *Contraband dancing queen.*
Eres el azul más brillante del agua
y el brillo más dorado de la Bahía.
Eres mi piel naciendo agitada,
oxígeno que pulsa poesía encarnada.

RIBCAGE BLUES

(Dedicated to the memory of my dance teacher
Kathleen Hermesdorf)

I would have built an apothecary in my ribs
had I known you wouldn't grow old.

I would have filled blue glass bottles with each of your lessons.
I would have cataloged them.
I would have labeled each one in gold.
I would have detailed every class in tiny black print.
I would have bottled your pedagogic glow.

I would have preserved each ninja kick,
each drawn out "s,"
each gut punch shout,
each chewy morsel of anatomic poetry.

I should have archived every mark you made in me,
every dance you shared with me,
every revolution you swelled in me.

Groundbreakers like you should not be grounded mid-flight.
Poets like you should not be stunted mid-sentence.
The air will be empty-bottle-blue without you.
Our lungs will drown wet with your absence.

I should have built an apothecary of you,
memories of your glittery medicine.
600 classes, 10,000 wise words,
lifts, melts, squeezes, pats, taps, rubs and smacks,
and a plethora of ecstatic movements.

BLUES DE COSTILLAS

(Dedicado a la memoria de mi maestra de danza
Kathleen Hermesdorf)

Habría construido un boticario en mis costillas
si hubiera sabido que no te envejecerías.

Habría llenado botellas azules con cada una de tus enseñanzas.
Las habría catalogado.
Las habría etiquetado en oro.
Habría detallado cada clase en tipografía pequeña.
Habría embotellado tu brillo pedagógico.
Habría preservado cada patada ninja,
cada "s" dibujada,
cada grito de puñetazo al ombligo
cada mordida de tu poesía anatómica.

Debería haber archivado cada marca que me dejaste,
cada danza que me compartiste,
cada revolución que me inspiraste.

Pájaros pioneros como tú no deben ser detenidos a medio vuelo.
No se debe frenar a poetas como tú a media frase.
El aire será tristeza de botellas azules sin ti.
Nuestros pulmones se ahogarán mojados con tu ausencia.

Debería haberte construido un boticario,
recuerdos de tu medicina reluciente.
600 clases, miles de palabras sabias,
cargadas, derretidas, apretadas, golpeadas, abrazadas, palpitantes
y una cantidad de movimientos extáticos.

I hold a blue archive of your lessons in my lungs,
Your bottles line my ribs like teeth.
They clink like chimes every time I breathe.

Guardo un archivo azul de tus clases en mis pulmones.
Tus botellas alinean mis costillas como dientes.
Suenan como campanas cada vez que respiro.

11. This is how much I can love / Esto es lo mucho que puedo amar

LIPS ON A HIGHWIRE

Circus girl kisses me,
not with leopards, lions and lights,
but with the delicacy of a bare foot
sensing a fine wire, miles
above water.

Her kiss catches me dancing,
one toe on the edge of the Golden Gate Bridge
with no other harness than her lips.

We ride the trapeze of each other's' tongues,
at the exhilarating edge of an abyss.

LABIOS SOBRE UNA CUERDA FLOJA

La chica del circo me besa,
no con leopardos, leones o luces,
sino con la delicadeza de un pie descalzo
sintiendo un cable fino, millas
por encima del agua.

Su beso me pilla bailando,
un dedo del pie en el borde del Puente *Golden Gate*
sin otro arnés más que sus labios.

Nos subimos al trapecio de nuestras lenguas,
al emocionante filo de un abismo.

I MUST HAVE DREAMT IT

I felt her fall into my mouth at night.
I felt her fall into my eyes.
I felt her fall into me like I was water
and her sturdy body felt so light
I could cradle her on my tongue's tip.
I felt something small but significant in her melt
under the lightest flutter of my lips.
I felt her fall into my octopus arms.
I felt her fall into my pores
like quiet things that make no noise and need no words
but open their moss-green moon eyes extra wide
as if to acknowledge a shared secret.

DEBO HABERLO SOÑADO

La sentí caer en mi boca de noche.
La sentí caer en mis ojos.
La sentí caer en mí como si fuera agua
y su cuerpo robusto se sentía tan ligero
que podía acunarla en la punta de mi lengua.
Sentí algo pequeño pero significativo derretirse en ella,
bajo el más ligero aleteo de mis labios.
La sentí caer en mis brazos de pulpo.
La sentí caer en mis poros
como cosa tranquila que no hace ruido ni necesita palabras,
pero abre sus ojos de luna verde-musgo
como para reconocer un secreto compartido.

MEDUSA'S MUSE

Her voice is the blue velvet I want to wrap around my spine every
night.
It is like the old records,
recorded by hard-edged women with flowers in their hair and
cigarettes in their fingers
who made love to those retro microphones
whose voices shook big men to clinking bones.

Her voice is as transparent as the tears in her clear green eyes
and as strong as the earth's core.
It goes to *all* the places, not only to where the angels are.
It makes me want to be her muse.

Her voice is deep tectonic plates moving up wounded earth, the
light in lava, belly laughs.
It takes me around the world, turns me into a mermaid, makes me
see luminescent schools of goldfish and starfish and jellyfish
and seaweed at the ocean's floor.

It carries me to her kitchen and her bedroom, it takes me home,
and it weaves a pulsing nest in my hair.

LA MUSA DE MEDUSA

Su voz es el terciopelo azul que quiero envolver por mi columna
cada noche.
Es como los viejos discos
grabados por mujeres duras con flores en el pelo y cigarrillos en los
dedos
que hacían el amor a esos micrófonos retro
y cuyas voces estremecían a los hombres grandes
hasta convertirlos en huesos tintineantes.

Su voz es transparente como las lágrimas en sus ojos verdes claros
y tan fuerte como el centro de la tierra.
Llega a *todos* los lugares, no solo a dónde están los ángeles.
Me hace querer ser su musa.

Su voz es placas tectónicas profundas que remueven la tierra herida,
la luz en la lava y carcajadas.
Me lleva por el mundo, me convierte en sirena, me hace ver
bancos de peces dorados y estrellas de mar y medusas y algas
luminosas en el fondo del mar.

Me lleva a su cocina y a su cama, y me lleva al hogar,
y teje un nido que vibra en mi cabello.

ROARING SEASHELLS

I'm wrapping your skin around my fingers
like strands of honey in your hair.
I'll lick each fur fiber
like a newborn cat
waking up to drink.

Like you, I too, have skin inside.
Like you, I too, am a woman.
Like you, I too, have seas inside.
When I am with you, I feel
like the hottest pool of heaven.

We're water and dusk
and drink lunar sweat
like owls coming home to nest.

You're a ripe pink *guayaba*,
and a mouthful of pearls
that change the rhythm of my tongue,
and teach me to speak in tongues.
To whisper in tongues.
To shout in tongues.

You're the intimate roar of waves in the smallest shell.

We sound amniotic, like seafoam washing
the border between the corners of our lips
and our veins.

CONCHAS MARINAS RUGIENTES

Envuelvo tu piel en mis dedos
como hebras de miel en tu cabello.
Lameré cada fibra de tu pelo
como una gatita recién nacida
despertándose para beber.

Como tú, tengo piel adentro.
Como tú, también soy mujer.
Como tú, contengo océanos.
Cuando estoy a tu lado me siento
el mar más caliente del cielo.

Somos agua y puestas de sol
y bebemos sudor lunar
como búhos volviendo al nido.

Eres una guayaba rosada,
una boca llena de perlas
que cambian el ritmo de mi lengua,
que me enseña a hablar en lenguas.
A susurrar en lenguas.
A gritar en lenguas.

Eres el rugido íntimo de olas
en el caracol más pequeño.

Sonamos amnióticas,
como espuma de mar borrando
el límite entre los bordes
de nuestros labios y nuestras venas.

With each sip of salt,
we weave the heartbeats
of each other's wombs.

Con cada sorbo de sal, tejemos los latidos
de nuestros propios ombligos.

BIRDS BETWEEN OUR FINGERS

Nido:
The warm webbed dips between my digits
where your fingers fit that first day
like baby owls coming home to sleep.

We always knew they'd fly away,
so we buried our beaks deeper
into the folds of each other's feathers.

They've never been merely fingers,
when yours and mine meet.

A simple gesture altered my DNA:
One day, your palm invited mine to pulse in unison.

My ink smudged streets onto your hand-map,
and you melted your sidewalks onto mine:
indelible, invisible blue geography,
a shared tattoo,
thin like onion skin, grafted mutually.
Like human skin, it peels uneasily.

There's always been flight impending.
There's always been a painful peeling
present in the clock ticks
scripted onto the calendar's horizon.

Finite: like the edges of the Atlantic and Pacific Oceans.

PÁJAROS ENTRE LOS DEDOS

Nido:
las membranas cálidas se hunden entre mis dedos
donde cupieron tus dedos ese primer día
como búhos bebés que vuelven al hogar para dormir.

Siempre supimos que volarían,
entonces enterramos nuestros picos
más profundamente en los pliegues de las alas de la otra.

Nunca han sido simples dedos, cuando los nuestros se juntan.

Un simple gesto alteró mi ADN:
Un día tu palma invitó a la mía a latir en unísono.

Mi tinta tiñó mis calles en el mapa de tu mano
y fundiste tus aceras sobre las mías;
una geografía azul indeleble, invisible,
un tatuaje compartido,
como piel de cebolla, injertada mutuamente.
Se pela difícilmente como piel humana.

Siempre ha habido un vuelo inminente.
Siempre ha habido una descamación punzante,
presente en los tictacs del reloj,
escritos en el horizonte del calendario.

Finito: como los bordes de los océanos Atlántico y Pacífico.

Each time we hold,
I fold cranes out of our fingers
and feel the brush of their tiny wings, hyper-present,
sensing the light paper weight of the future,
the unlatch, detach, of touch fading to ether.

Each last time I locate your hand in mine
I make an altar to the brilliance of the fire we've fed,
savoring each last spark
on the tongue of my heart
as if our fingers' touch were the last drops of the last bottle
of the finest wine,
or the rarest bird on the verge of extinction.

Cada vez que nos tomamos de la mano,
doblo grullas de nuestros dedos,
y siento el frote de sus alas pequeñas, hiper-presentes,
sintiendo el peso ligero del papel del futuro;
el abrir y despegar del tacto desvaneciéndose hacia el éter.

Cada última vez que ubico tu mano en la mía
hago un altar para el brillo del fuego que nutrimos
saboreando cada última chispa
en la lengua de mi corazón
como si el tacto de nuestros dedos,
fuera las últimas gotas de la última botella
del vino más fino o el pájaro más raro
en peligro de extinción.

THIS IS HOW MUCH I CAN LOVE

If this were my last day on our earth,
I'd tell you that you and I are not a metaphor,
a theory, a memory, a tide slipping away.
I'd tell you that I am bone and muscle
and you are organ and vein
and we need to wrap around each other
to keep the blood pumping
to this body that is not ready to be buried in the sand,
to this body that has only begun dancing.

If this were my last day on our soft earth
of skin and fingers intertwined
I'd tell you to find me,
and pull me back from the tide,
wipe the salt water off me with your lips
and kiss me hard until I begin breathing.

I'd tell you to look for me
in your womb, where I hooked my finger around your pelvic bone
and drank your toxins out until you were reborn.
I'd tell you to look for me between your ovaries,
where I curled up like your twin,
in your belly button where a thick chord
wrapped us hip to hip.

I'd tell you to find me,
to sift through the streets
as if they were sand,
as if they were the sand in the sand dollar

ESTO ES LO MUCHO QUE PUEDO AMAR

Si este fuese mi último día en esta tierra,
te diría que tú y yo no somos una metáfora,
una teoría, un recuerdo, una marea en fuga.
Te diría que somos órgano y vena
y necesitamos envolvernos
para mantener el flujo de la sangre en este cuerpo que no está listo
para ser enterrado en la arena,
en este cuerpo que apenas empezó a bailar.

Si este fuese mi último día en nuestra tierra blanda
de piel y dedos entrelazados,
te diría que me busques y encuentres,
que me jales de la marea,
que me laves la sal con tus labios,
y que me beses fuertemente hasta que vuelva a respirar.

Te diría que me busques
en tu útero, donde enganché mi dedo sobre tu hueso pélvico
y bebí tus toxinas hasta que hacerte renacer.
Te diría que me busques entre tus ovarios,
donde me enrollé como tu gemela,
en tu ombligo donde un cordón grueso
nos envolvió cadera a cadera.

Te diría que me encuentres,
que filtres las calles como si fueran de arena
para encontrarme,
como si fuesen la arena en el erizo de mar

you gave me on my birthday,
as if they were the sand on the beach with the sailboat.
I'd tell you to sift until my hand slips into yours.
I'd tell you to come home,
to my sailboat with wings that only has roots in dance and water.

I'd tell you to look for me in a taqueria on 24th Street.
I'd tell you to search for me on a rooftop on Taraval Street,
where a bandaged me held your wounded knee
until the sun set in the Sunset.

I'd tell you to rummage for me
in my brightly colored room in Berkeley,
amidst roses and tin Mexican butterflies,
behind yellow curtains and between the sheets
where I kissed each inch of you so cautiously
I might have thought you were made of porcelain.
Look for me remembering how we fumbled
with the strange familiarity of our alien bodies,
learning to make love like virgins.

Search for me in an Odd Fellow's Hall full of ghosts, mirrors and
corridors.
Find me dancing at the ballet barre under the light rain of piano keys.

Search for me in the annex where we first kneaded each other like
cats.
Remember me in a red jumpsuit as you pull me to the floor with one
shoe off.

Search for me in the city where you were born by the sea
in crowds of tourists and winding medieval streets.
Look for me in the cracks in the stones
in the corners where my tongue met your lips
and your armpit left sweat on the ridge of my shoulder.

que me regalaste para mi cumpleaños,
como si fuesen la arena en la playa con el velero.
Te diría que tamices hasta que mi mano se deslice hacia la tuya.
Te diría que vuelvas al hogar,
a mi velero alado que solo tiene raíces en la danza y el agua.

Te diría que me busques en una taquería en la Calle 24.
Te diría que me vuelvas a buscarme en una azotea en la Calle Taraval,
donde una yo vendada sostuvo tu rodilla herida
hasta que el sol se acostó en el barrio *Sunset*.

Te diría que hurgues por mí
en mi habitación colorada en Berkeley,
entre rosas y mariposas mexicanas de hojalata,
detrás de cortinas amarillas y entre las sábanas
donde besé cada pulgada de ti con tanto cuidado
que llegara a parecer que fueses de porcelana.
Búscame recordando cómo buscamos a tientas
la familiaridad ajena de nuestros cuerpos extraterrestres,
aprendiendo a hacer el amor como vírgenes.

Búscame en un salón de un *Odd Fellow's Hall* lleno de pasillos,
    fantasmas, y espejos.
Encuéntrame bailando en la barra de *ballet*, bajo una lluvia ligera de
    teclas de piano.

Búscame en el anexo donde por primera vez nos amamos como gatos.
Recuérdame en un mameluco rojo mientras me arrastras hacia el piso
    sin un zapato.

Búscame en la ciudad donde naciste junto al mar
entre masas de turistas y calles medievales serpenteadas.
Búscame en las grietas, en las piedras,
en las esquinas donde mi lengua se topó con tus labios
y tu axila dejó sudor en la cresta de mi hombro.

Look for me kicking a statue of Columbus by the sea, shouting,
"You Only Live Once!"
Or maybe you only love like this once.
So find me.

I'd tell you to look for me in your mothers' bed
between the slits of light through the *persianas*
and the view of turtles, Catalan flags and bougainvillea.
Look for me in the seashell of your ear where one afternoon I
    discovered an ocean.

If this were your last day on our earth
I'd tell you to run to the church and inspect each red cup with a
    candle,
until you wish for me, until you feel my breath.

I'd tell you to run to a restaurant floating on water
to orchids floating in air, to goldfish glittering like hope,
to the brilliant stain of crimson lipstick on skin,
to my tongue on your tongue,
and the taste of us sweeter than fucking anything.

I would tell you to run, shaking, crying in reverse
until you tell me it is not our last day on earth
and you pull me out of the tide
and lick the salt off my body
and kiss me hard until I breathe again...

...and I may have been breathing all this time anyway
and my earth may have gone on thriving all these years anyway
and I may no longer be waiting for you
but we will walk along the edge of the ocean
and I will tell you
this is how much I can love.

Búscame pateando una estatua de Colón cerca del mar,
gritando “!solo se vive una vez!”.
O tal vez solo así se ama una vez.
Entonces búscame.

Te diría que me busques en la cama de tu mamá
entre las rendijas de luz por las persianas
y la vista de tortugas, buganvilias y banderas catalanas.
Búscame en el caracol de tu oreja donde una tarde descubrí un mar.

Si este fuera tu último día en nuestra tierra,
te diría que corras a la iglesia e inspecciones cada vaso rojo con una vela,
hasta que me desees, hasta que sientas mi aliento.

Te diría que corras hacia un restaurante flotando sobre agua
hacia orquídeas flotando en el aire y peces dorados brillando como la esperanza,
hacia la mancha carmesí de labial sobre piel, hacia tu lengua con mi lengua
y el sabor a nosotras más dulce que cualquier pinche cosa.

Te diría que corras, temblando, llorando en reverso
hasta que me digas que no es el último día en nuestra tierra
y me saques de la marea
y logres lamer la sal de mi cuerpo
y me beses tan fuerte, hasta que vuelva a respirar...

...y es posible que haya estado respirando todo este tiempo de todos modos
y mi tierra pueda haber seguido prosperando todos estos años de todos modos
y tal vez ya no te esté esperando,
pero caminaremos por el borde del mar
y te diré
que esto es lo mucho que puedo amar.

THANKS/AGRADECIMIENTOS

To/A:
Guillermo Gómez Peña, Naomi Quiñonez, Susana Praver Pérez, Gary Kamiya, J.K. Fowler, Diane Goettel, Alexandra Regalado, Josué Andrés Moz, Javier Contreras, Ricardo Sierra, Kathleen Hermesdorf, John & Barbara Sherman (Dad & Mom), Cousin Andrew, San Francisco, Berkeley, Ciudad de México, Quito, & Brookline

To those who believed in me, supported me, taught me, and inspired me. To my family and my communities.

A lxs que creyeron en mí, me apoyaron, me enseñaron, y me inspiraron. A mi familia y mis comunidades.

My gratitude to the publications who first published poems from this collection, sometimes with a different title or in an earlier form:

Mission at Tenth, California Institute of Integral Studies:
· *The Best of Mission at Tenth*—10-Year Anniversary Issue 2009-2019. July 2019. Volume 7, February 2018: "La Llorona's Mission"
· Volume 7, February 2018: "Flies in our Mouth/Moscas en la boca," ("What Flies from Open Mouths/ Lo que vuela de las bocas abiertas"), "Stains/Manchas," («Rhythm of a Stain/El ritmo de una mancha"), "Sweet"

El Tecolote: Poetry in Flight / Poesía en Vuelo: Anthology in celebration of El Tecolote, January 2016: "Amigo Equis"

Alucinando en Quito, Editorial Carishina, 2007: "Despedida" ("Cuidad de lentejuelas"), "Fruta Exótica," "País" ("Ecuador")

Stephanie Sherman is a Jewish, queer, bilingual, bicultural, interdisciplinary feminist poet, choreographer, dancer, artist and activist who has lived between the Bay Area, Mexico City, Quito, and New York. She has published her poems in various San Francisco anthologies, including *The Best of Mission at Tenth: 2009-2019, Mission at Tenth Vol. 7, and Poetry in Flight / Poesía en Vuelo: Anthology in celebration of El Tecolote*, and Editorial Carishina published her book *Alucinando en Quito* in Ecuador in 2007. She has a PhD in Performance Studies from UC Berkeley, an MFA in Dance from NYU, a BA in Hispanic Studies from Vassar College, and has received two Fulbright Awards (Mexico, Postdoctoral, 2018; Ecuador, 2006).

Stephanie Sherman es una poeta, coreógrafa, artista, bailarina y activista feminista queer, bilingüe, bicultural, de ascendencia judía, que ha vivido entre la Bahía de San Francisco, CDMX, Quito, y Nueva York. Ha publicado sus poemas en varias antologías en San Francisco incluyendo *The Best of Mission at Tenth: 2009-2019, Mission at Tenth Vol. 7*, y *Poetry in Flight / Poesía en Vuelo: Anthology in celebration of El Tecolote*. Por otra parte, Editorial Carishina de Ecuador publicó su libro *Alucinando en Quito* en el 2007. Tiene un doctorado en *Performance Studies* por parte de la Universidad de California Berkeley, una maestría en Danza por la Universidad de Nueva York y una Licenciatura en Estudios Hispánicos por Vassar College. Ha recibido dos becas *Fulbright* (México, Postdoctoral, 2018; Ecuador, 2006).

Website / Sito Web: www.stephanie-sherman.com
IG: @dra.coreografa